# 時空を駆ける名演

## 秘盤・珍盤・名盤を聴く

# はじめに

やがて一世紀半にもなろうとするレコード（本書ではＳＰ、ＬＰ、ＣＤなどすべての録音メディアを指す）という記録媒体の歴史の中で、様々な作品が、あるいは演奏が記録されてきた。その中には作品、演奏の両面の観点からみて、貴重ないしは珍しい録音が多数ある。そのような名盤・秘盤・珍盤などを、音楽愛好家の立場にたって記したのが本書である。もちろん一冊の書物という限られた範囲内での記述であるので、著者の知る範囲内においてもその全てを記すことは不可能である。そこで冒頭に本書の意図する内容について、前もっていくつかのポイントを読者に伝えておくことにしたい。

まず作曲者の自作自演であるが、ピアノの項に関しては、原則としてアクースティック録音を前提にしている。ピアニストとしても活躍した作曲家以外にも、自作を弾いて録音している作曲家は数多く、それは自作の解釈を示すための演奏として捉えて良いだろう。しかもピアノといっても、ピアノ・ロールへの録音がある。これらのレコードに収録されている音は現代になってからロールを再生した音である。そのメカニズム上、著者は必ずしも音のニュアンスが十分に表現されているとは考えていないので、他に録音がない重要な演奏を限定的に取り上げた。

次に編曲（トランスクリプション、リアライゼイションなどを含む）であるが、原曲を別の楽器で演奏するための単純な編曲までを含めると、無尽蔵といってもよいほど多くの作品が存在する。したがって本書ではそれらの中でも作曲家、編曲者を含めて重要かつ代表的な作品、あるいは逆に珍しい作品に焦点を当て、著者の独断ないしは偏見の下に選択した。中でも編曲者自身による演奏の録音がある場合は、そのCDを優先的に紹介することにした。なお、編曲は第一部と第二部との二部建てにしたが、分類の基準は次の通りである。

第一部は原曲の全体的な構成なり枠組みが基本的に保たれており、主に演奏形態の変更のみが意図された作品である。ただし例えば未完に終わったモーツァルトの『レクイエム』のように、後世の学者などによる多数の校訂版が存在する場合がある。その多くは、作曲者が本来完成したであろう作品を追求する試みとして捉える事が出来るので、この第一部に組み入れることにした。したがってこの場合、編曲というよりは校訂（エディション）といった方が実態に合致するのかも知れないが、本書では煩雑な区分を避けるために編曲の扱いにした。またバッハの『トッカータとフーガ』、ムソルグスキーの『展覧会の絵』などのように数多くの編曲が存在している曲は、なるべく多くの異なった版を列挙して聴き比べる楽しみの参考にした。

第二部は原曲がそのままの形で残されておらず、変奏曲や幻想曲などの主題として用いられている場合、あるいは原曲が断片的に取り入れられている曲など様々な場合がある。若干の例外があるにしても、主に古典派からロマン派にかけての時代に流行した娯楽用のハルモニー音楽（木管楽器中心の室内合奏）への編曲～これは近年のサロン音楽に通じるかも知れない～それに吹奏楽・ブラスバンド（アンサンブル）、さらにギター、シンセサイザーなどへの編曲は余りにも数が多いので、本書の対象外とした。もちろん原曲をもじった冗談音楽の類もごく一部の例外を除いて取り上げていない。それに編曲作品には演奏時間の短い曲が多数あり、残念ながらその多くに触れることは出来なかった。

クロスオーヴァーでは、ロックのジャンルはビートルズを別にすれば著者の知識外の領域であるので、余りにも有名なＥＬＰによる『展覧会の絵』のみを取り上げた。また日本では『エリーゼのために』や『惑星』の「ジュピター」など多くのクラシック曲の歌謡曲化があるが、これまた全体像を把握するのが困難なために本書では触れていない。

なお記載した参考録音は著者が実際にＣＤなどで試聴した演奏に限っている。〈　〉はそのレーベル名で、原則としてフルネームを記したが、常識的な範囲内において略号で記した場合もある。もちろん長いレコード産業史上、会社の統廃合などの理由によって現在別レーベルに移行しているＣＤがあることを付記しておく。

# 目次

**はじめに**……1

**一．自作自演**……29

**《指揮》**……30

**ジョン・フィリップ・スーザ**（1854～1932）

《自作自演集》

**エドワード・エルガー**（1857～1934）

創作主題による変奏曲『エニグマ（謎）』、序曲『コケイン（首都ロンドンにて）』、行進曲　『威風堂々』全五曲

**ピエトロ・マスカーニ**（1863～1945）

歌劇『カヴァレリア・ルスティカーナ』全曲、同『カヴァレリア・ルスティカーナ』～間奏曲

**リヒャルト・シュトラウス**（1864～1949）

アルプス交響曲、家庭交響曲、交響詩『ティル・オイレンシュピーゲルの愉快ないたずら』、同『死と変容』、同『ドン・ファン』、同『ドン・キホーテ』、同『英雄の生涯』、楽劇『サロメ』～「七つの

ヴェールの踊り」、歌劇『ばらの騎士』～第二幕のワルツ、第三幕のワルツ、皇紀二千六百年奉祝音楽、『ひそやかな誘い』、『セレナード』、『あすの朝』
**ハンス・プフィッツナー**（1869～1949）
歌劇『パレストリーナ』第一幕への前奏曲
**フランツ・レハール**（1870～1948）
喜歌劇『メリー・ウィドウ』序曲、同『エヴァ』～間奏曲
**セルゲイ・ラフマニノフ**（1873～1943）
交響曲第三番イ短調、交響詩『死の島』
**グスターヴ・ホルスト**（1874～1934）
組曲『惑星』
**モーリス・ラヴェル**（1875～1937）
『ボレロ』、ピアノ協奏曲ト長調
**ジョルジュ・エネスコ**（1881～1955）
ルーマニア狂詩曲第一番イ長調・同第二番ニ長調
**イーゴリ・ストラヴィンスキー**（1882～1971）
三楽章の交響曲、詩編交響曲、バレエ組曲『火の鳥』、同『ペトルーシュカ』、バレエ音楽『春の祭典』、同『プルチネッラ』、同『ミューズの神を率いるアポロ』、バレエ組曲『兵士の物語』、ヴァイオリン協奏曲ニ調、エボニー協奏曲
**ポール・パレー**（1886～1979）
ジャンヌ・ダルク没後五〇〇年記念ミサ曲
**ヴィルヘルム・フルトヴェングラー**（1887～1954）

交響曲第二番ホ短調、ピアノと管弦楽のための交響的協奏曲ロ短調

**エイトール・ヴィラ＝ロボス**（１８８７〜１９５９）

組曲『アマゾンの森林』、バッキアーナス・ブラジレイラ第五番

**ダリウス・ミヨー**（１８９２〜１９７４）

交響曲第十番、『インディアナのための音楽』、バレエ音楽『屋根の上の牛』、同『世界の創造』

**アルテュール・オネゲル**（１８９２〜１９５５）

交響的運動第一番『パシフィック２３１』、同第二番『ラグビー』、交響曲第三番『典礼風』

**ファーディ・グローフェ**（１８９２〜１９７２）

組曲『死の谷（デス・ヴァレー）』、組曲『グランド・キャニオン』、ピアノ協奏曲ニ短調

**パウル・ヒンデミット**（１８９５〜１９６３）

交響曲『画家マティス』、交響的舞曲、ウェーバーの主題による交響的変容

**アーロン・コープランド**（１９００〜１９９０）

交響曲第三番、バレエ組曲『ビリー・ザ・キッド』、『市民のためのファンファーレ』、『エル・サロン・メヒコ』、クラリネット協奏曲、バレエ音楽『アパラチアの春』

**アラム・ハチャトゥリアン**（１９０３〜１９７８）

交響曲第二番ホ短調『鐘』、バレエ組曲『スパルタクス』、同『ガイーヌ』、組曲『仮面舞踏会』、ピアノと管弦楽のためのコンチェルト・ラプソディ、ヴァイオリン協奏曲ニ短調

**ルロイ・アンダーソン**（１９０８〜１９７５）

《ルロイ・アンダーソン・コレクション》

**ジャン・マルティノン**（１９１０〜１９７６）

交響曲第四番『至高』

**イーゴリ・マルケヴィチ**（１９１２〜１９８３）
バレエ音楽『イカルスの飛翔』、新しい時代
**ベンジャミン・ブリテン**（１９１３〜１９７６）
シンプル・シンフォニー、パーセルの主題による変奏曲とフーガ、シンフォニア・ダ・レクイエム、チェロ交響曲、戦争レクイエム、歌劇『ピーター・グライムズ』
**レナード・バーンスタイン**（１９１８〜１９９０）
交響曲全集、『ウエスト・サイド・ストーリー』からのシンフォニック・ダンス、『オン・ザ・タウン』〜三つのダンス・エピソード、映画『波止場』からの交響組曲、オペレッタ『キャンディード』序曲、セレナード、ミサ曲〜歌手、演奏家、ダンサーのためのシアター・ピース、ミュージカル『ウエスト・サイド・ストーリー』、オペレッタ『キャンディード』
**ピエール・ブーレーズ**（１９２５〜２０１６）
プリ・スロン・プリ、ル・マルトー・サン・メートル（主のない槌）
**アンドレ・プレヴィン**（１９２９〜２０１９）
ヴァイオリン協奏曲『アンネ＝ゾフィー』、歌劇『欲望という名の電車』
**フリードリヒ・グルダ**（１９３０〜２０００）
交響曲ト長調
**タン・ドゥン**（１９５７〜）
歌劇『始皇帝』
**《ピアノ》**……６０

**ヨハネス・ブラームス**（１８３３〜１８９７）
ハンガリー舞曲第一番ト短調（短縮）
**カミーユ・サン＝サーンス**（１８３５〜１９２１）
『アルジェリア組曲』〜フランス軍隊行進曲、夕べの夢想
**エドヴァルド・グリーグ**（１８４３〜１９０７）
『民俗生活の情景』〜通りゆく婚礼の行列、『抒情小品集』第五巻〜農民の行進
**ガブリエル・フォーレ**（１８４５〜１９２４）
パヴァーヌ嬰ヘ短調（ピアノ編）
**ヴァンサン・ダンディ**（１８５１〜１９３１）
『旅の画集』〜緑の湖、『山の詩』〜リズミカルな舞曲
**セシル・シャミナード**（１８５７〜１９４４）
バレエの調べ、『三つの古風な踊り』〜クーラント、へつらう女、ピエレット
**イグナーツ・ヤン・パデレフスキ**（１８６０〜１９４１）
『演奏会用ユモレスク』〜メヌエット ト長調
**グスタフ・マーラー**（１８６０〜１９１１）
歌曲集『さすらう若人の歌』〜朝の野辺を歩けば、私は緑の森を楽しく歩いた、交響曲第四番〜第四楽章、交響曲第五番〜第一楽章（ピアノ編）
**イサーク・アルベニス**（１８６０〜１９０９）
組曲『イベリア』の即興Ⅰ・Ⅱ
**クロード・ドビュッシー**（１８６２〜１９１８）
『版画』〜グラナダの夕べ、『忘れられた小唄（アリエッタ）』〜巷に雨が降るごとく、木々の陰、緑

**リヒャルト・シュトラウス**（1864〜1949）

「献呈」、「夜」、「帰郷」、「秘めごと」、「憩え、わが魂」、「たそがれの夢」、「チェチーリエ」、「子守歌」、「わが子に」、「悪天候」、「ベルヴェデーレの上からの眺め」、「セレナード」、他歌曲全三十六曲

**エンリケ・グラナドス**（1867〜1916）

『スペイン舞曲集』〜悲しい踊り、『ゴイェスカス』の「わら人形」による即興曲、スカルラッティのソナタを原曲とするソナタ第十番

**アレクサンドル・スクリャービン**（1872〜1915）

十二の練習曲〜第十二番嬰ニ短調、二十四の前奏曲集〜第一番ハ長調、第二番イ短調、第十三番変ト短調、第十四番変ホ短調、二つの詩曲〜第一番嬰ヘ長調、二つのマズルカ〜第二番嬰ヘ長調、二つの小品〜第一番「欲望」

**セルゲイ・ラフマニノフ**（1873〜1943）

ピアノ協奏曲第一番嬰ヘ短調・同第二番ハ短調・同第三番ニ短調・同第四番ト短調、パガニーニの主題による狂詩曲、前奏曲〜第十番変ト長調・第十四番変ホ長調・第十六番ヘ短調・第十七番ヘ短調・第一番嬰ハ短調、練習曲集『音の絵』（絵画的練習曲集）作品三十三〜第二番ハ長調・第七番変ホ長調、『ひなぎく』、他ピアノ独奏曲全二十曲

**モーリス・ラヴェル**（1875〜1937）

ソナチネ〜第一楽章、高雅で感傷的なワルツ、亡き王女のためのパヴァーヌ

**ベラ・バルトーク**（1881〜1945）

アレグロ・バルバロ、組曲全四曲、コントラスツ、二台のピアノと打楽器のためのソナタ、狂詩曲第一番

**セルゲイ・プロコフィエフ**（1891〜1953）

ピアノ協奏曲第三番ハ長調、四つの小品Op４～第四曲「悪魔的暗示」、『束の間の幻影』～第九、三、十七、十八、十一、十、十六、六、五番、交響曲第一番ニ長調『古典』～第三楽章（ピアノ編）

**ダリウス・ミヨー**（１８９２～１９７４）

スカラムーシュ

**フェデリコ・モンポウ**（１８９３～１９８７）

『歌と踊り』第三巻

**エーリヒ・ヴォルフガング・コルンゴルト**（１８９７～１９５７）

ピアノ・ソナタ第一番ニ短調～終楽章、歌劇『死の都』による即興

**ジョージ・ガーシュウィン**（１８９８～１９３７）

ラプソディ・イン・ブルー、パリのアメリカ人

**フランシス・プーランク**（１８９９～１９６３）

三つの常動曲、フランス組曲全七曲

**ロベール・カサドシュ**（１８９９～１９７２）

ピアノ協奏曲第二番ホ長調

**ドミトリー・ショスタコーヴィチ**（１９０６～１９７５）

交響曲第十番ホ短調～第二楽章、第三楽章（ピアノ編）、二台のピアノのためのコンチェルティーノ、二十四の前奏曲とフーガ～第三番・第二十四番

**オリヴィエ・メシアン**（１９０８～１９９２）

『アーメンの幻影』～第四曲『願望のアーメン』・第七曲『成就のアーメン』

**ベンジャミン・ブリテン**（１９１３～１９７６）

チェロ・ソナタ

**レナード・バーンスタイン**（1918〜1990）
七つの記念〜第一番『アーロン・コープランドに』・第六番『セルゲイ・クーセヴィツキーに』・第七番『ウィリアム・シューマンに』
**フリードリヒ・グルダ**（1930〜2000）
コンチェルト・フォー・マイセルフ

**《弦楽器》**……………………………………………………78

**パブロ・デ・サラサーテ【ヴァイオリン】**（1844〜1908）
ツィゴイネルワイゼン（短縮）
**イェネー・フバイ【ヴァイオリン】**（1858〜1937）
歌劇『クレモナのヴァイオリン作り』間奏曲、子守歌、『チャルダーシュの情景』〜第五番『バラトン湖のさざなみ』・第十二番『小鳩』
**ウジェーヌ・イザイ【ヴァイオリン】**（1858〜1931）
「三つのマズルカ」〜第三番ロ短調『遠い過去』、子供の夢
**フリッツ・クライスラー【ヴァイオリン】**（1875〜1962）
ヴィヴァルディの様式による協奏曲ハ長調、弦楽四重奏曲イ短調、《クライスラー自作自演集》、《ヴァイオリン小品集》、喜歌劇『りんごの花ざかり』〜「誰が話しているのか」
**ジョルジュ・エネスコ【ヴァイオリン】**（1881〜1955）
ヴァイオリン・ソナタ第三番イ短調『ルーマニアの民俗様式で』
**パウル・ヒンデミット【ヴィオラ】**（1895〜1963）

白鳥を焼く男、葬送音楽、ヴィオラ・ソナタ第三番

## 二、編曲第一部…………85

**ヨハン・セバスティアン・バッハ**（1685〜1750）

二台のチェンバロのための協奏曲ハ短調、四台のチェンバロのための協奏曲イ短調、オーボエとヴァイオリンのための二重協奏曲ニ短調、トッカータとフーガ ニ短調、幻想曲とフーガ『大フーガ』、パッサカリアとフーガ、無伴奏ヴァイオリン・ソナタとパルティータ全曲、ゴルトベルク変奏曲、音楽の捧げ物、フーガの技法、『主よ、人の望みの喜びよ』、シャコンヌ、G線上のアリア

**ゲオルク・フリードリヒ・ヘンデル**（1685〜1759）

オラトリオ『メサイア』

**ジュゼッペ・タルティーニ**（1692〜1770）

ヴァイオリン・ソナタ ト短調『悪魔のトリル』

**ヴォルフガング・アマデウス・モーツァルト**（1756〜1791）

交響曲第三十五番ニ長調『ハフナー』、同第三十六番ハ長調『リンツ』、同第四十一番ハ長調『ジュピター』、ヴァイオリンとヴィオラのための協奏交響曲変ホ長調、ピアノ協奏曲第十二番イ長調、同第二十番ニ短調、同第二十五番ハ長調、フルート協奏曲第二番ニ長調、ピアノ・ソナタ第十五番ハ長調、同第十八番ヘ長調、レクイエム ニ短調

**ルートヴィヒ・ヴァン・ベートーヴェン**（1770〜1827）

交響曲第二番ニ長調、同第五番ハ短調『運命』、同第六番ヘ長調『田園』、同第九番ニ短調『合唱』、ピアノ協奏曲第一番ハ長調、同第二番変ロ長調、ピアノ協奏曲（第六番）ニ長調、ピアノ、ヴァイ

オリン、チェロのための三重協奏曲、七重奏曲変ホ長調、弦楽四重奏曲第十一番ヘ短調『セリオーソ』、同第十四番嬰ハ短調、大フーガ変ロ長調、ピアノ・ソナタ第二十九番変ロ長調『ハンマークラヴィーア』、ヴァイオリン・ソナタ第九番イ長調『クロイツェル』

**ニコロ・パガニーニ**（1782〜1840）
無窮動

**フランツ・ペーター・シューベルト**（1797〜1828）
弦楽四重奏曲第十四番ニ短調『死と乙女』、アルペジオーネ・ソナタ イ短調、アヴェ・マリア、歌曲集

**エクトル・ベルリオーズ**（1803〜1869）
幻想交響曲、交響曲『イタリアのハロルド』

**フレデリック・ショパン**（1810〜1849）
ピアノ協奏曲第一番ホ短調、同第二番ヘ短調

**フランツ・リスト**（1811〜1886）
交響詩『前奏曲』、ハンガリー狂詩曲集

**リヒャルト・ワーグナー**（1813〜1883）
楽劇『トリスタンとイゾルデ』〜「前奏曲」と「イゾルデの愛の死」

**ジュゼッペ・ヴェルディ**（1813〜1901）
カンタータ『諸国民の讃歌』、弦楽四重奏曲ホ短調

**アントン・ブルックナー**（1824〜1896）
交響曲第三番ニ短調、同第七番イ長調

**ヨハン・シュトラウスII**（1825〜1899）

『皇帝円舞曲』、ワルツ『南国のばら』、ワルツ『酒・女・歌』、『宝のワルツ』、トリッチ・トラッチ・ポルカ

**ヨハネス・ブラームス**（1833〜1897）

ハンガリー舞曲全曲、ピアノ協奏曲第三番ニ長調、ピアノ四重奏曲第一番ト短調、ワルツ『愛の歌』、同『新・愛の歌』

**アレクサンドル・ボロディン**（1833〜1887）

ノクターン

**カミーユ・サン＝サーンス**（1835〜1921）

交響詩『死の舞踏』

**モデスト・ムソルグスキー**（1839〜1881）

組曲『展覧会の絵』、交響詩『はげ山の一夜』

**ピョートル・イリッチ・チャイコフスキー**（1840〜1908）

交響曲第六番ロ短調『悲愴』、バレエ組曲『くるみ割り人形』

**アントニン・ドヴォルザーク**（1841〜1904）

交響曲第九番ホ短調『新世界より』、『八つのユモレスク』第七番変ト長調

**ニコライ・リムスキー＝コルサコフ**（1844〜1908）

交響組曲『シェエラザード』

**パブロ・デ・サラサーテ**（1844〜1908）

ツィゴイネルワイゼン

**グスタフ・マーラー**（1860〜1911）

交響曲第一番ニ長調『巨人』、同第二番ハ短調『復活』、同第四番ト長調、同第十番嬰ヘ長調

**クロード・ドビュッシー**（1862～1918）
交響詩『海』、小組曲
**ポール・デュカス**（1865～1935）
交響詩『魔法使いの弟子』
**セルゲイ・ラフマニノフ**（1873～1943）
ピアノ協奏曲第五番ホ短調、ヴォカリーズ
**モーリス・ラヴェル**（1875～1937）
バレエ音楽『ダフニスとクロエ』第二組曲
**フリッツ・クライスラー**（1875～1962）
愛の喜び、愛の悲しみ
**マヌエル・ポンセ**（1882～1948）
エストレリータ
**セルゲイ・プロコフィエフ**（1891～1953）
交響曲第一番ニ長調『古典』
**アルテュール・オネゲル**（1892～1955）
交響的運動第一番『パシフィック231』
**アラム・ハチャトゥリアン**（1903～1978）
フルート協奏曲ニ短調
**ドミトリー・ショスタコーヴィチ**（1906～1975）
室内交響曲ハ短調、二人でお茶を（タヒチ・トロット）

**三、編曲第二部…………１４５**

**ヨハン・セバスティアン・バッハ**（１６８５〜１７５０）
管弦楽組曲第六番嬰ハ長調
**フランツ・ヨーゼフ・ハイドン**（１７３２〜１８０９）
弦楽四重奏曲第七十七番ハ長調『皇帝』
**ヴォルフガング・アマデウス・モーツァルト**（１７５６〜１７９１）
デュポールのメヌエットによる九つの変奏曲ニ長調、『ああ、お母さん聞いて』による十二の変奏曲ハ長調、悔悟するダヴィデ
**ルートヴィヒ・ヴァン・ベートーヴェン**（１７７０〜１８２７）
ウェリントンの勝利、モーツァルトの『魔笛』の主題による十二の変奏曲、モーツァルトの『魔笛』の主題による七つの変奏曲、ヘンデルの『マカベウスのユダ』の主題による十二の変奏曲ト長調、『エロイカ』の主題による変奏曲とフーガ変ホ長調
**ヨハン・ネポムク・フンメル**（１７７８〜１８３７）
ロッシーニの回想
**ニコロ・パガニーニ**（１７８２〜１８４０）
モーゼ幻想曲、ネル・コル・ピウ変奏曲、『ゴッド・セイヴ・ザ・キング』による変奏曲
**フランツ・シューベルト**（１７９７〜１８２８）
交響曲第八（七）番ロ短調『未完成』、ピアノ五重奏曲イ長調『ます』、弦楽四重奏曲第十三番イ短調『ロザムンデ』、弦楽四重奏曲第十四番ニ短調『死と乙女』、幻想曲ハ長調『さすらい人』、『しぼめる花』の主題による序奏と変奏曲

**アドルフ・アダン**（1803〜1856）
『ああ、お母さん聞いて』による華麗な変奏曲
**ロベルト・シューマン**（1810〜1856）
パガニーニの「カプリース」による演奏会用練習曲、クララ・ヴィークの主題による変奏曲、『二人の擲弾兵』
**フレデリック・ショパン**（1810〜1849）
バレエ音楽『レ・シルフィード』、モーツァルトの『ドン・ジョヴァンニ』の「お手をどうぞ」による変奏曲
**フランツ・リスト**（1811〜1886）
死の舞踏、パガニーニによる超絶技巧練習曲第三番嬰ト短調『ラ・カンパネッラ』、ドン・ジョヴァンニの回想、リゴレット・パラフレーズ、『ウィーンの夜会』第六番、『システィーナ礼拝堂にて』
**リヒャルト・ワーグナー**（1813〜1883）
言葉のない『指環』、オーケストラル・アドヴェンチャー『指環』
**ハインリヒ・ヴィルヘルム・エルンスト**（1814〜1865）
シューベルトの『魔王』による大奇想曲
**ジュリオ・ブリッチャルディ**（1818〜1881）
ヴェルディの『椿姫』による幻想曲
**ジャック・オッフェンバック**（1819〜1880）
バレエ音楽『パリの喜び』
**クララ・シューマン**（1819〜1896）
ロベルト・シューマンの主題による変奏曲

**ヨハン・シュトラウスII**（1825〜1899）
バレエ音楽『卒業記念舞踏会』
**ヨハネス・ブラームス**（1833〜1897）
大学祝典序曲、ハイドンの主題による変奏曲、ヘンデルの主題による変奏曲とフーガ、パガニーニの主題による変奏曲
**ヘンリク・ヴィエニャフスキ**（1835〜1880）
モスクワの思い出、『ファウスト』の主題による華麗な変奏曲
**エミール・ワルトトイフェル**（1837〜1915）
ワルツ『スペイン』
**ピョートル・イリッチ・チャイコフスキー**（1840〜1907）
組曲第四番『モーツァルティアーナ』、大序曲『一八一二年』
**フランソワ・ボルン**（1840〜1920）
『カルメン』による華麗な幻想曲
**パブロ・デ・サラサーテ**（1844〜1908）
カルメン幻想曲
**イェネー・フバイ**（1858〜1937）
ビゼーの『カルメン』による華麗な幻想曲
**ウジェーヌ・イザイ**（1858〜1931）
無伴奏ヴァイオリン・ソナタ第二番イ短調
**アントン・ステファノヴィチ・アレンスキー**（1861〜1906）
チャイコフスキーの主題による変奏曲

**リヒャルト・シュトラウス**（1864〜1949）
交響的幻想曲『イタリアより』
**アレクサンドル・グラズノフ**（1865〜1936）
バレエ組曲『ショピニアーナ』、交響詩『ステンカ・ラージン』
**レオポルド・ゴドフスキー**（1870〜1937）
ショパンの「練習曲」に基づく五十三の練習曲
**ラルフ・ヴォーン＝ウィリアムズ**（1872〜1958）
『グリーンスリーヴズ』による幻想曲
**マックス・レーガー**（1873〜1916）
モーツァルトの主題による変奏曲とフーガ
**セルゲイ・ラフマニノフ**（1873〜1943）
五つの『音の絵』
**グスターヴ・ホルスト**（1874〜1934）
組曲『惑星』〜「冥王星」
**パブロ・カザルス**（1876〜1973）
鳥の歌
**エルネスト・フォン・ドホナーニ**（1877〜1960）
童謡の主題による変奏曲
**オットリーノ・レスピーギ**（1879〜1936）
『ロッシーニアーナ』
**シメオン・ベリソン**（1881〜1953）

モーツァルトの『ドン・ジョヴァンニ』の「お手をどうぞ」による十二の変奏曲
**イーゴリ・ストラヴィンスキー**（1882〜1971）
『ペトルーシュカ』からの三楽章、イタリア組曲
**フランツ・ハーゼンエール**（1885〜1970）
もうひとりのティル・オイレンシュピーゲル
**パウル・デッサウ**（1894〜1979）
交響的変態〜モーツァルトの弦楽五重奏曲変ホ長調による
**ウラディーミル・ホロヴィッツ**（1903〜1989）
『カルメン』の主題による変奏曲
**ナタン・ミルシテイン**（1904〜1992）
パガニーニアーナ変奏曲
**フランツ・ワックスマン**（1906〜1968）
カルメン幻想曲
**モートン・グールド**（1913〜1996）
フォスター・ギャラリー
**ベンジャミン・ブリテン**（1913〜1976）
組曲『ソワレ・ミュージカル』、同『マチネ・ミュージカル』
**ルチアーノ・ベリオ**（1925〜2003）
レンダリング

## 四、合作……………183


ヨハン・セバスティアン・バッハ&シャルル・グノー
アヴェ・マリア
ヴォルフガング・アマデウス・モーツァルト&リヒャルト・ワーグナー
アイネ・クライネ・バイロイト・ナハトムジーク
ルートヴィヒ・ヴァン・ベートーヴェン、アントン・ディアベッリ&カール・ツェルニー&ヨハン・ネポムク・フンメル&フランツ・リスト&F・X・モーツァルト&フランツ・シューベルト&イグナーツ・モシェレス&ルドルフ大公など計五十人
ディアベッリの主題による変奏曲
フランツ・リスト&シギスモント・タールベルク&ヨハン・ペーター・ピクシス&アンリ・エルツ&カール・ツェルニー&フレデリック・ショパン
「ヘクサメロン」〜ベッリーニの歌劇『清教徒』の「行進曲」による華麗な変奏曲
ヨハネス・ブラームス&アルベルト・ディトリヒ&ロベルト・シューマン
F・A・E・ソナタ
ジュゼッペ・ヴェルディ、アントニオ・ブッゾッラ、アントニオ・バッジーニ、カルロ・ペドロッティ、など計十三人
ロッシーニのためのレクイエム
エマニュエル・シャブリエ&アンドレ・メサジェ
ミュンヘンの思い出
ガブリエル・フォーレ&アンドレ・メサジェ

バイロイトの思い出、ヴィレヴィユの漁師のミサ曲
**モーリス・ラヴェル&ジャック・イベール&ダリウス・ミヨー&ジョルジュ・オーリック、他計十人**
バレエ音楽『ジャンヌの扇』
**ジョルジュ・オーリック&ダリウス・ミヨー&フランシス・プーランク&ジェルメーヌ・タイユフェール&アルテュール・オネゲル**…………
バレエ音楽『エッフェル塔上の花婿花嫁』

## 五、一期一会&歴史的秘盤…………193

**マーラー　交響曲第九番ニ長調**
レナード・バーンスタイン指揮ベルリン・フィルハーモニー管弦楽団
**ブラームス　ピアノ協奏曲第一番ニ短調**
レナード・バーンスタイン指揮ニューヨーク・フィルハーモニック、グレン・グールド（P）
**チャイコフスキー　交響曲第六番ロ短調『悲愴』**
ヘルベルト・フォン・カラヤン指揮NHK交響楽団
**ストラヴィンスキー　バレエ組曲『ペトルーシュカ』、幻想曲『花火』**
イーゴリ・ストラヴィンスキー指揮NHK交響楽団
**スメタナ　交響詩『わが祖国』**
ラファエル・クーベリック指揮チェコ・フィルハーモニー管弦楽団
**ベートーヴェン　交響曲第五番ハ短調『運命』、『エグモント』序曲**

ヴィルヘルム・フルトヴェングラー指揮ベルリン・フィルハーモニー管弦楽団
**マーラー　交響曲『大地の歌』**
ブルーノ・ワルター指揮ウィーン・フィルハーモニー管弦楽団
**《自由への頌歌》ベートーヴェン　交響曲第九番ニ短調『合唱』**
レナード・バーンスタイン指揮バイエルン放送交響楽団員、他
**《ベルリンの壁崩壊コンサート》ベートーヴェン　ピアノ協奏曲第一番ハ長調、交響曲第七番イ長調**
ダニエル・バレボイム（P）指揮ベルリン・フィハーモニー管弦楽団
**《東日本大震災復興支援演奏会inミュンヘン》ベートーヴェン　交響曲第九番ニ短調『合唱』**
ズービン・メータ指揮バイエルン国立管弦楽団、ミュンヘン・フィルハーモニー管弦楽団、バイエルン放送交響楽団、他
**マーラー　交響曲第九番ニ長調**
ジョン・バルビローリ指揮ベルリン・フィルハーモニー管弦楽団
**《トスカニーニ・ラスト・コンサート》**
**《三大テノール世紀の競演》**
ルチアーノ・パヴァロッティ、プラシド・ドミンゴ、ホセ・カレーラス
**《フランス大革命二百周年記念祝典》『ラ・マルセイエーズ』**
ジェシー・ノーマン（S）
**《皇紀二千六百年奉祝音楽》**
山田耕筰、橋本國彦、ガエタノ・コメリ、ヘルムート・フェルマー指揮紀元二千六百年奉祝交響楽団
**R・シュトラウス　『あしたの朝』**
田中路子（S）＆諏訪根自子（Vn）

六、オーディオ…………205

黎明期のステレオ録音
アニメ映画『ファンタジア』　レオポルド・ストコフスキー指揮フィラデルフィア管弦楽団
最初期の磁気テープ録音（マグネットフォン）
ベートーヴェン：弦楽四重奏曲第十三番変ロ長調～カヴァティーナ、ブルックナー：交響曲第七番ホ長調～第二楽章、グルック：歌劇『アルチェステ』序曲　ヴィルヘルム・フルトヴェングラー指揮ベルリン・フィルハーモニー管弦楽団
最初のステレオ録音CD
ブルックナー：交響曲第八番ハ短調　ヘルベルト・フォン・カラヤン指揮ベルリン・プロイセン国立管弦楽団
最初のLPレコード
メンデルスゾーン：ヴァイオリン協奏曲ホ短調　ナタン・ミルシテイン（Vn）、ブルーノ・ワルター指揮ニューヨーク・フィルハーモニック
最初の商業用ステレオ・レコード
ストラヴィンスキー：バレエ音楽『春の祭典』　ピエール・モントゥー指揮ボストン交響楽団、チャイコフスキー：ピアノ協奏曲第一番ロ短調　エミール・ギレリス（P）、フリッツ・ライナー指揮シカゴ交響楽団
世界で最初のデジタル録音

《打－ツトム・ヤマシタの世界》
**最初のデジタル録音CD**
R・シュトラウス：アルプス交響曲　ヘルベルト・フォン・カラヤン指揮ベルリン・フィルハーモニー
管弦楽団
**カラヤン初のデジタル録音**
ベートーヴェン：交響曲第九番ニ短調『合唱』　ベルリン・フィルハーモニー管弦楽団
**フルトヴェングラーのステレオ録音**
ウェーバー：歌劇『魔弾の射手』　ウィーン・フィルハーモニー管弦楽団
**35ミリ磁気フィルム録音**
ヴィラ＝ロボス：『カイピラの小さな列車』、アンティル：バレエ組曲『コロボリー』、ヒナステラ：
バレエ組曲『パンナビ』、バレエ組曲『エスタンシア』　ユージン・グーセンス指揮ロンドン交響楽団
**CDからブルーレイ・オーディオまで**
ブルックナー：交響曲第四番変ホ長調『ロマンティック』、同第七番ホ長調、同第八番ハ短調　ケント・
ナガノ指揮バイエルン国立管弦楽団

**七、クロスオーヴァー**…………215

**プラシド・ドミンゴ**
ジョン・デンバー：パーハップス・ラヴ
**ペーター・ホフマン**

《ロック・クラシックス》、《ペーター・ホフマン・ライヴ1986》

**ホセ・カレーラス&サラ・ブライトマン**

アンドルー・ロイド・ウェッバー：アミーゴス・パラ・シエンプレ

**キリ・テ・カナワ**

《キリ・シングス・カール》、《キリ／ブルー・スカイ》

**キリ・テ・カナワ&ホセ・カレーラス&サラ・ヴォーン**

リチャード・ロジャース：ミュージカル『南太平洋』

**フレデリカ・フォン・シュターデ**

《フリッカ～アナザー・サイド・オブ・フレデリカ・フォン・シュターデ》、《マイ・ファニー・ヴァレンタイン》

**マリア・ユーイング**

《フロム・デイズ・モーメント・オン》

**キャスリーン・バトル**

《ソー・メニー・スターズ》

**ディアナ・ダムラウ**

《唄歌～日本の子供の歌》

**シルヴィア・シャシュ**

《ポップ・ソングス》

**マグダレーナ・コジェナー**

《コール・ポーター》

**ニーノ・ロータ**

《映画音楽集》

**アンドルー・ロイド・ウェッバー**

レクイエム　ロリン・マゼール指揮イギリス室内管弦楽団、ウィンチェスター大聖堂合唱団、プラシド・ドミンゴ（T）、サラ・ブライトマン（S）、ポール・マイルス＝キングストン（ボーイS）

**チック・コリア&フリードリヒ・グルダ**

W・A・モーツァルト：二台のピアノのための協奏曲変ホ長調、チック・コリア：二台のピアノのための幻想曲、フリードリヒ・グルダ：二台のピアノのための「ピン・ポン」

**ハービー・ハンコック&フリードリヒ・グルダ**

コール・ポーター：ナイト・アンド・デイ、マイルス・デイヴィス：オール・ブルース

**アンドレ・プレヴィン**

《キング・サイズ！》、《ジャズ・ワールド・オブ・アンドレ・プレヴィン》

**ベニー・グッドマン**

W・A・モーツァルト：クラリネット協奏曲イ長調、クロード・ドビュッシー：クラリネットと管弦楽のための狂詩曲第一番、カール・マリア・フォン・ウェーバー：クラリネット協奏曲第一番ヘ短調・同第二番変ホ長調、レナード・バーンスタイン：プレリュード、フーガとリフ

**ミルバ**

クルト・ヴァイル：『七つの大罪』

**バーブラ・ストライザンド**

《クラシカル・バーブラ》

**ジャック・ルーシェ・トリオ**

《プレイ・バッハ》

**スウィングル・シンガーズ**
《ジャズ・セバスティアン・バッハ》
**エマーソン・レイク&パーマー**
モデスト・ムソルグスキー：組曲『展覧会の絵』
**美空ひばり**
《山田耕筰歌曲集》

**あとがき**…………232

# 一．自作自演

## 《指揮》

### ◆ジョン・フィリップ・スーザ（１８５４～１９３２）

◎《自作自演集》　スーザ・バンド（１９２３～３０）〈ＲＣＡ〉

『星条旗よ永遠なれ』、『美中の美』、『ワシントン・ポスト』、『エル・カピタン』など有名な行進曲十四曲が収録されている。彼は海軍軍楽隊バンドや一八九二年に自分で組織したバンドで作曲者・指揮者として活躍、マーチ王として知られるが、十曲以上のオペレッタ作曲家でもあった。その行進曲は今日ではシンフォニー・オーケストラ用に編曲されて演奏されることが多いが、この自作自演集は古い録音であるだけに音質が十分ではないものの、スーザの行進曲の原点ともいうべき演奏で、軽快な足取りには心弾むものがある。

### ◆エドワード・エルガー（１８５７～１９３４）

◎創作主題による変奏曲『エニグマ（謎）』　ロイヤル・アルバート・ホール管弦楽団（１９２６）〈Ｎａｘｏｓ〉

エルガーは交響曲を初めとして多くの録音を残しているが、知名度を考慮するならば、この『エニグマ変奏曲』が代表作であろう。エルガーは主題から多分に濃厚な色付けを施し、彼がこの曲の十四の変奏に込めた知人の肖像を、具体的に頭に描きながら指揮しているのではないかと想像させる。決しておっとりとした演奏ではない。

**◎序曲『コケイン（首都ロンドンにて）』　BBC交響楽団（1933）〈Naxos〉**

活気溢れるロンドンの下町の風光を縮図のように描いた曲であるが、エルガーの実地の体験に裏付けられているだけに、演奏にもそのような曲想が率直に打ち出されている。したがって指揮ぶりも単なる作曲者の余芸、とは言えないだけの多彩な表現力の持主であることを証明している。

**◎行進曲『威風堂々』全五曲　ロイヤル・アルバート・ホール管弦楽団、ロンドン交響楽団（1926～30）〈Naxos〉**

実にリズムが明確で、少しも凭れるようなところはない。テンポも速めで行進曲としての勢いがある。有名な第一番ニ長調はもちろんのこと、第二番イ短調も十分に力強く、第四番ト長調も堂々とした佇まいの作品としての姿を明らかにしている。

## ◆ピエトロ・マスカーニ（1863～1945）

**◎歌劇『カヴァレリア・ルスティカーナ』全曲　ミラノ・スカラ座管弦楽団・合唱団、ベニャミーノ・ジーリ（トゥリッドゥ）、ブルーナ・ラサ（サントゥッツァ）、ジュリエッタ・シミオナート（ルチア）、ジーノ・ベッキ（アルフィオ）（1940）〈EMI〉**

このオペラ初演五十周年を記念してイタリア・オペラ界の総力を結集した全曲盤で、冒頭にマスカーニの挨拶のスピーチがある。キャスティングもマスカーニ自身が行ったといわれる。もう決して若いとはいえないマスカーニであるが、ポイントを抑えた情感豊かな指揮が光り、ドラマの起伏が自然な動きで表現されている。「ママも知るとおり」などで切々と訴えかけるラサに

対して、ジーリの伸びのある美声も聴きものである。

◎**歌劇『カヴァレリア・ルスティカーナ』〜間奏曲　ベルリン国立管弦楽団（1927）〈DG〉**

マスカーニはこのオペラで作曲家として認められる以前は指揮者として活躍した経験がある。前記の全曲盤の演奏に比べると多分に肩に力が入っているが、それだけに未だ若さを失わなかったマスカーニが、作曲家としての余技というよりも指揮者としての存在を主張しているように思われる。

## ◆リヒャルト・シュトラウス（1864〜1949）

◎**アルプス交響曲　バイエルン国立管弦楽団（1941）〈Documents〉**

ドイツ・ロマン派最後の大作曲家として知られるシュトラウスであるが、生前の彼はむしろ指揮者であると自認していた。そして自作の管弦楽曲の多くの初演に携わっており、一九一五年に初演されたこの曲もその例外ではない。大編成を要するこの交響曲を高齢とはいえ、気心の知れたオーケストラを率いてスケール大きく描き出している。アルプスの雄大な風光が目に浮かぶようで、全曲を通してパノラマのような面白さが良く出ている。

◎**家庭交響曲、交響詩『ティル・オイレンシュピーゲルの愉快ないたずら』　ウィーン・フィルハーモニー管弦楽団（1944）〈DG〉**

シュトラウスの生誕八十年を記念して、ウィーンで催された彼の作品の連続演奏会の中のライヴ録音である。家庭交響曲はアルプス交響曲以上に彼の指揮にふさわしい曲で、年齢を感じさせない若々しい指揮ぶりによって、ほのぼのとした暖かな雰囲気がストレート

に伝わってくる。『ティル・オイゲンシュピーゲルの愉快ないたずら』もことさら構えたところはなく、おのずからユーモアが滲み出るような自然体の演奏である。

**◎交響詩『死と変容』、同『ドン・ファン』　ベルリン国立管弦楽団（1929）〈DG〉**

二曲とも指揮者の力量が試される作品である。その点で自分の作品だけに、シュトラウスはさすがにそれにふさわしい指揮ぶりをみせ、特に『死と変容』はダイナミズムの変化が効果的である。『ドン・ファン』も表情がオーヴァーに過ぎることはなく、自作を客観的に眺めているところに大物指揮者としての片鱗が示されている。

**◎交響詩『ドン・キホーテ』　エンリコ・マイナルディ（Vc）、ベルリン国立管弦楽団（1933）〈DG〉**

シュトラウスが自作を指揮した代表的な録音の一つである。ドン・キホーテ役の独奏者にマイナルディという若々しく闊達なチェリストを得て、巧まずして面白さを出すことに成功しており、それは自家薬籠と言っても良い。作品の面白さを躍動的に表現した演奏である。ヴィオラはカール・ライツ、ヴァイオリンはゲオルク・クニーシュテット。

**◎交響詩『英雄の生涯』　バイエルン国立管弦楽団（1941）〈DG〉**

英雄とはシュトラウス自身のことで、早くも三十代の半ばにして音楽的な自伝を書いたことになる。それはオーケストラ曲の作曲家としての卒業を意識したもので、それまでに書いたいくつかの作品から主題が引用されている。そしてその後シュトラウスはオペラの作曲に力を入れて行く。とは言ってもこれは比較的後年の録音ということもあり、シュ

トラウスの指揮はことさら力が入ったものではなく、冷静な目でもってスコアに書かれた音符を音に託してゆく。そのような客観的ながら力強い指揮ぶりに、作曲者としての思いがあるのだろう。

**◎楽劇『サロメ』〜「七つのヴェールの踊り」　ベルリン・フィルハーモニー管弦楽団（1928）〈DG〉**

**◎歌劇『ばらの騎士』〜第二幕のワルツ、第三幕のワルツ　バイエルン国立管弦楽団（1927、1941）〈DG〉**

シュトラウスは自作のオペラの指揮は初演を含めその多くを他の指揮者に委ねたせいか、自作自演のオペラの全曲録音はない。それだけにこの二点の録音は貴重である。二曲の録音年代は異なるが、『サロメ』は瑞々しくダイナミックな演奏で、ベルリン・フィルが起用されているのが物を言っている。『ばらの騎士』はミュンヘン歌劇場のオーケストラを指揮しているが、第二幕のワルツは速めなテンポの運びによる力演で、いっぽう第三幕の方は意外なほど淡泊である。

**◎皇紀二千六百年奉祝音楽　バイエルン国立管弦楽団（1940）〈DG〉**

一九四〇年は日本歴で紀元二六〇〇年に当たり、その記念演奏会のために時の政府は各国の著名な作曲家に作品を委嘱した。これはその要請に応じて作曲された一曲で、シュトラウスは訪れたことがない日本の風光をイメージしながら作曲した。五つの部分で構成されており、ある意味では「アルプス交響曲」の日本版といえる。ただシュトラウスの創作力もすでに衰えていたためか、いささかとりとめのない作品になっている。寺院の梵鐘まで含む（ここではチューブラーベルで代用）多様な打楽器が用いられており、シュトラウスの自演によって作品の本来の姿を伺い知ることが出来る。

◎『ひそやかな誘い』、『セレナード』、『あすの朝』　ユリウス・パツァーク（T）、バイエルン国立管弦楽団（1941）〈Documents〉

シュトラウス歌曲のオーケストラ伴奏版である。シュトラウスの濃密なオーケストレーションとスケールの大きな指揮によって、ピアノ伴奏版とは別の魅力を生み出している。パツァークの歌は精妙というよりも、おおらかにシュトラウス・メロディを歌いあげている。ただし録音は良好とは言えず、もう少し細部までオーケストラの音が聴ければ良かった。

## ◆ハンス・プフィッツナー（1869〜1949）

◎歌劇『パレストリーナ』第一幕への前奏曲　ベルリン国立管弦楽団（1931）〈DG〉

一九三〇年頃のプフィッツナーは指揮者としても盛んに活躍した。レコードが電気録音になると、ドイツ・グラモフォンはベートーヴェンの交響曲全集の録音を企画し、彼はリヒャルト・シュトラウスなどと共にその指揮者の一人に選ばれたほどである。全集は完成しなかったが、プフィッツナーはそのうち四曲の録音を残している。『パレストリーナ』は彼の後期ロマン派的な作風が端的に示された大作である。自作の指揮であるだけに、悠然たる構えの中に彼が意図した音楽が率直に語りかけてくる。

## ◆フランツ・レハール（1870〜1948）

◎喜歌劇『メリー・ウィドウ』序曲、喜歌劇『エヴァ』〜間奏曲　ウィーン・フィルハーモニー管弦楽団（1940、1942）〈EMI〉

劇中のワルツや親しみやすいメロディを元にした接続曲風の作品で、レハールはいかにも自然にしかも楽しげに指揮している様子が伝わってくる。それはオペレッタの指揮に最も必要とされる要素であろう。

## ◆セルゲイ・ラフマニノフ（1873〜1943）

### ◎交響曲第三番イ短調、交響詩『死の島』 フィラデルフィア管弦楽団（1939、1929）〈RCA〉

ロシア革命勃発後、西ヨーロッパを経てアメリカに渡ったラフマニノフは、ピアニストとしてよりも指揮者として高く評価され、ボストン交響楽団からは常任指揮者就任を要請されたほどである。そのボストン響以外にもフィラデルフィア管との関係は常に良好で、彼の指揮者としての録音が実現した。晩年の指揮ながら交響曲は構築性の高い雄大な表現であり、気迫を以ってオーケストラを引っ張ってゆく。メランコリックな第三楽章のいかにもロシア的な旋律線の歌わせ方は堂に入っている。『死の島』も神秘的な雰囲気がある。

## ◆グスターヴ・ホルスト（1874〜1934）

### ◎組曲『惑星』 ロンドン交響楽団（1926）〈EMI〉

一九一六年に完成されたこの曲の初演は、親友の名指揮者エイドリアン・ボールトの指揮で行われたが、初めての録音はホルスト自身が指揮をした。それは一九二二年のことであるが、電気録音の時代に入ってから再録音したのがこの演奏である。ホルストの指揮は自己流と言ってよく、第四曲「木星」を例にとってもテンポは一貫しないし、オーケストラの扱いも粗っぽい。でも全体として作曲者の心情は伝わってくる。録音の関係からか、第七曲「海王星」の女

声合唱はバック・コーラスというよりも一つの楽器のように聴こえる。

**◆モーリス・ラヴェル**（1875〜1937）

**◎『ボレロ』　ラムルー管弦楽団（1935）〈Documents〉**

この曲が作曲・初演された一九二八年当時のラヴェルは、言語障害をきたすなどして体調は万全ではなかった。そのせいか晩年のこの録音はテンポが極めて遅い。コッポラの指揮によるこの曲の初録音に立ち会った際に、しきりにテンポが速すぎると注意したそうだが、あるいはこれがラヴェル自身本来意図したテンポなのかも知れない。それにしてもいささかのんびりとした演奏で、ここには作品の独創的ともいえる生気が希薄になっているように思われる。

**◎ピアノ協奏曲ト長調　マルグリット・ロン（P）、ラムルー管弦楽団（1932）〈Documents〉**

レコードの初出以来、指揮はラヴェルと記されているが、実際には彼は録音スタジオの調整室にこもって、満足がゆくまで指揮者に細かな指示を与え続けたといわれる。その指揮者とは初演でも指揮を受け持ったポルトガル人のフレイタス＝ブランコであるが、実質的にラヴェルの意図通りの指揮をしているので、ラヴェル指揮といってもあながち不当ではあるまい。実に細やかで明快な表情に彩られた演奏であり、ロンの情熱的かつ繊細なピアノと相俟ってこの曲の古典的な名演と言うことが出来る。

**◆ジョルジュ・エネスコ**（1881〜1955）

**◎ルーマニア狂詩曲第一番イ長調・同第二番ニ長調　コロンヌ管弦楽団（1936?）〈Documents〉**

エネスコ（エネスク）はルーマニアの出身、ウィーンでヴァイオリンを学び、パリで作曲を学んだ。二曲の「ルーマニア狂詩曲」は、第一番が一九〇一年、第二番が〇二年に作曲され、翌年ブカレストでエネスコ自身の指揮で一緒に初演された。いずれも民俗舞曲的な色彩が強く、特に木管楽器で始まり、熱狂的な盛り上がりをみせる第一番はよく知られている。エネスコの指揮は旋律線の歌わせ方だけではなく、リズムも牧歌的で土俗性の強い曲の特色を強調しており、その泥臭さこそこの曲の本質であろう。

## ◆イーゴリ・ストラヴィンスキー（1882〜1971）

**◎三楽章の交響曲　コロンビア交響楽団（1961）〈SONY〉**

ロシアから革命を逃れたストラヴィンスキーが新古典主義を経て、アメリカに定住してからの一九四五年の作品である。ニューヨーク・フィルとの二十年来の友好関係を記念する作品で、翌四六年に自身の指揮で同楽団を指揮して初演が行われた。古典形式を採用しながらも独自のスタイルを確立しており、楽器にはピアノやハープも加わっている。ストラヴィンスキーの指揮はすっきりとしていて、特別の思い入れもなく、客観的な姿勢が強い。もちろん独特のリズム感は忘れられていない。

**◎詩編交響曲　CBC交響楽団、トロント祝祭シンガーズ（1962）〈SONY〉**

これは未だ新古典派主義のスタイルで書いていた一九三〇年、指揮者クーセヴィツキーの委嘱によってボストン交響楽団のために作曲された。ラテン語の聖書の『詩編』をテキストに用いた合唱が加わり、交響曲とはいってもオラトリオ的な性格を持ち合わせている。そこにはストラヴィンスキーの強い宗教性が伺われ、当然ながらこのような曲では、ストラヴィンスキーの指揮にも神に対する敬虔な祈りの姿勢が示されている。

**◎バレエ組曲『火の鳥』、同『ペトルーシュカ』、バレエ音楽『春の祭典』　ニューヨーク・フィルハーモニック（1946、1940）〈Naxos〉**

この三曲、『火の鳥』は一九四五年の組曲版、『ペトルーシュカ』は一九一一年の組曲版である。ストラヴィンスキーはこれらの曲を三回録音しており、これはいずれもその二度目の録音である。未だ若かったストラヴィンスキーであるだけに、六〇年頃の三度目の録音に比べてテンポも引き締まっており、全体としてリズムが立っている。『火の鳥』はもちろんだが、『ペトルーシュカ』でも当時としては画期的な前衛音楽だったが、その中に民俗的でメロディックな要素も忘れられていない。そして『春の祭典』はストラヴィンスキーが意図したバーバリズムがそのまま炸裂している。あえて言えばドライな演奏である。

**◎バレエ音楽『プルチネッラ』、同『ミューズの神を率いるアポロ』　イレーネ・ジョルダン（S）、ジョージ・シャーリー（T）、ドナルド・グラム（B）、コロンビア交響楽団（1965、1964）〈SONY〉**

ストラヴィンスキーの新古典時代を代表する作品で、『プルチネッラ』はペルゴレージ（後に一部別人の作品であることが判明）のチェンバロ作品から素材が採られ、コメディアン・デラルテの即興劇をバレエに応用することが意図されている。一般には演奏会用組曲の形で聴くことが多いが、ここでは原曲通り三人の独唱者が加わっている。もう一曲の『アポロ』は弦楽合奏用の旋律的な曲である。ストラヴィンスキーの指揮は二曲共あくまでも簡潔な音楽としての姿を的確に表現しており、演奏も巨匠の心の赴くままという要素が強い。

◎バレエ組曲『兵士の物語』　イスラエル・ベイカー（Vn）、ロイ・ダントニオ（Cl）、ドン・クリストリヒ（Fg）、ロバート・マーステラー（Tb）、ウィリアム・クラフト（打楽器）、他（1961）〈SONY〉

C・F・ラミューズの台本による"読まれ、演じられ、そして踊られる"作品で、原曲は四人の語り手と七人の奏者によるアンサンブルで演奏される。解説書にも正確な詳細は記されていないが、ここでは一九二〇年の九曲から成る演奏会用組曲版で演奏されている。いずれにせよこれも新古典派時代の出発点に立つ重要な作品であり、ストラヴィンスキーの指揮は、先鋭さよりも穏やかな表情で音楽を再現している。

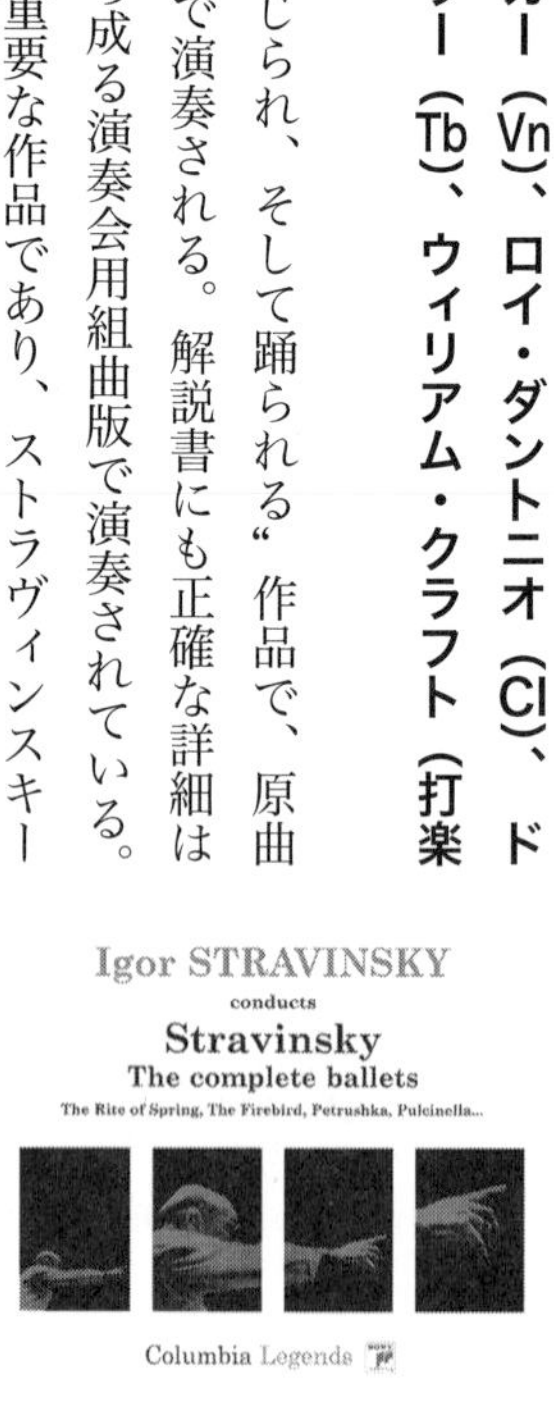


◎ヴァイオリン協奏曲ニ調　アイザック・スターン（Vn）、コロンビア交響楽団（1961）〈SONY〉

ストラヴィンスキーの協奏的な作品の多くは、彼の新古典派時代の作品である。この曲も同時期の一九三一年に作曲された。ヴァイオリンのパートは作品の依頼者であるヴァイオリニストのサミュエル・ドゥシュキンの協力で作曲された。彼の独奏、ストラヴィンスキーの指揮で同年ベルリン放送局の放送として初演された。限られた数の弦楽器による二管編成の小オーケストラの中にも多彩な楽器が用いられており、ストラヴィンスキーの指揮も小気味良い。そしてスターンも闊達なヴァイオリンを聴かせている。

◎エボニー協奏曲　ベニー・グッドマン（Cl）、コロンビア・ジャズ・アンサンブル（1965）〈SONY〉

時代の流れに敏感だったストラヴィンスキーは早くからジャズにも関心を持っていたが、この曲はウディ・ハーマン楽団の委嘱によって一九四五年に書かれ、翌年三月ニューヨークのカーネギー・ホールにおいて同楽団の演奏で初演された。エボニーとはクラリネットの胴材に使われる黒檀のことである。三楽章から成り、第二楽章のブルース風のアンダンテが印象的である。演奏にはジャズ・クラリネットの名手であるグッドマンが加わっているが、ことさら彼の演奏を際立たせることはなく、コンボ編成のアンサンブルによるコンチェルト・グロッソ的な要素が強い。演奏もいかにも楽しげである。

**◆ポール・パレー**（1886～1979）

**◎ジャンヌ・ダルク没後五〇〇年記念ミサ曲　デトロイト交響楽団、ラッカム交響合唱団、フランセス・イーンド（S）、フランセス・バイブル（Ms）、デイヴィッド・ロイド（T）、イ＝クウェイ・ツェ（B）（1956）〈Mercury〉**

ジャンヌ・ダルク没後500年にあたる1931年、ジャンヌの殉死を深く称えるフランスのルーアン大聖堂の委嘱によって作曲され、同教会で初演された。因みに若き日のパレーは同地でアンリにオルガンの演奏を師事したことがある。作品は壮麗で、演奏はいつものパレーらしく輪郭のくっきりとした明快さを持ち、曖昧さはない。

**◆ヴィルヘルム・フルトヴェングラー**（1887～1954）

**◎交響曲第二番ホ短調　シュトゥットガルト放送交響楽団（1954）〈Mediaphon〉**

名指揮者がすべて作曲を志したわけではないが、フルトヴェングラーは四曲の交響曲を残した。第二番は一九四一年から四五年にかけて作曲され、フルトヴェングラーの追放解除後の四八年に自ら指揮したベルリン・フィルの演奏会で初演された。以来この曲はフルトヴェングラー自身の指揮では七回演奏されたが、これはその最後に当たる五四年三月三〇日のライヴである。ベートーヴェン以降の古典派風なスタイルで書かれているが、音楽的な内容はブルックナーやマーラーなどの後期ロマン派に繋がっている。ことに第三楽章のスケルツォは纏綿たる楽想が変化に富み、長大な第四楽章は過去を回顧しつつ感動的なフィナーレに向かう。演奏はフルトヴェングラーそのものといえば十分だろう。

**◎ピアノと管弦楽のための交響的協奏曲ロ短調　エトヴィン・フィッシャー（P）、ベルリン・フィルハーモニー管弦楽団（1939）〈Memories〉**

一九三六年に完成し、翌年十月にこの録音と同じ顔ぶれで初演された。ドイツに暗雲の立ち込めた時代であり、フルトヴェングラー自身抱えていた苦悩を反映したかのような重苦しい雰囲気の作品である。全体としてピアノ協奏的な華やかさとは無縁の重厚さに支配されている。いかにも陰鬱な序奏で開始され、フィッシャーのピアノも重心が低く、モノローグのような個所では孤独感を強めている。フルトヴェングラー自身もこの作品にそのすべてを投入しているかのようである。なお第二楽章のみは別にスタジオ録音がある。

### ◆エイトール・ヴィラ＝ロボス（1887～1959）

**◎組曲『アマゾンの森林』　ビドゥ・サヤン（S）、シンフォニー・オブ・ジ・エア（1960）〈HMV〉**

三曲から構成された演奏会用の組曲で、第一曲の「愛の歌（感傷的な旋律）」にはソプラノ独唱、そして第三曲「終曲」でもヴォカリーズとして加わる。サヤンはお国ぶりを発揮した熱唱であり、ヴィラ＝ロボスはいささかも委縮したところのない豪快な指揮でスケールが大きく、民俗的な情緒に強く訴えかけてくる。

**◎バッキアーナス・ブラジレイラ第五番　ビクトリア・デ・ロス・アンヘレス（S）、フランス国立放送管弦楽団の八人のチェリスト（1956）〈HMV〉**

八人のチェリストが独唱ソプラノのバックを務めている。ここでは録音のせいかロス・アンヘレスの声がやや潤いを欠くのが惜しまれるが、さすがに情感のこもった歌を聴かせる。室内楽的な曲だけにヴィラ＝ロボスの指揮を云々してもさして意味はあるまい。他に作曲者自身の指揮でフランス国立管を指揮した同時期の第一、第二、第九番の録音もある。

## ◆ダリウス・ミヨー（1892～1974）

**◎交響曲第十番、『インディアナのための音楽』　BBC交響楽団（1970）〈BBC〉**

ミヨーは実に多作家だった。室内交響曲と命名された作品を含めて交響曲だけでも十八曲以上残している。ジャズの手法を取り入れるなど、いずれも近代フランス人らしいユーモアに溢れている。指揮活動にも積極的だったミヨーだが、この交響曲では洒落っ気のある第二楽章などオーケストラを十分にコントロールして味わい深く、対する第四楽章は激しく高揚する。なお『インディアナのための音楽』はインディアナ州から州設立百五十周年記念の委嘱作で、アメリカの風土を踏まえた音楽と言うことが出来る。

◎**バレエ音楽『屋根の上の牛』、同『世界の創造』　シャンゼリゼ劇場管弦楽団（1958?）**
**（Charlin）**

多作家だったミヨーは自作を指揮した録音も多く、この二曲はワン・ポイント・マイクによる実験的なステレオ録音ということもあり、自作自演の代表盤である。『屋根の上の牛』はブラジル音楽の影響の下に映画音楽への利用を考えて作曲された。『世界の創造』も奇妙な題名だが、いわゆる天地創造と人間創造の物語で、アメリカのジャズのイディオムや多調技法を取り入れたユニークな作品である。十九人の室内管弦楽用に書かれている。演奏はアンサンブルが緩いものの、ミヨーの指揮は曲の雰囲気の把握という点で手馴れている。

## ◆アルテュール・オネゲル（１８９２〜１９５５）

◎**交響的運動第一番『パシフィック231』、同第二番『ラグビー』　大交響楽団（1929）**
**〈α〉**

『パシフィック２３１』とは大陸横断列車用のＳＬ機関車のことで、車輪の数が前輪２、動輪３、後輪１であることに由来している。列車がスタートして機関の運動が遅れて動いて行くのに対して、リズムは数学的に増大する様子が表わされていると作曲者が語っているように、単なる描写音楽ではないが、エネルギッシュな運動力を描こうとしたのは確かである。『ラグビー』はもう少し抽象的な曲であるが、自らラグビー・ファンであったオネゲルのこの曲に対する書法は、印象主義を超えた心理的な要素が効果的である。オネゲルは本格的な指揮者ではなかったが、曲の本質を突いているということで意義深い。

◎**交響曲第三番『典礼風』　交響楽団（1949）〈α〉**

仏Deccaからの初出時に一九四九年のディスク大賞を受賞したそうであるが、第二次大戦直後に書かれた曲であるだけに、オネゲルの暗い戦争の記憶と平和への祈願が込められた宗教性が伺われる。交響曲といっても三楽章から成る比較的小規模な作品で、オネゲル自身の指揮も二曲の交響的運動とさして変わるところはない。

## ◆ファーディ・グローフェ（1892〜1972）

◎**組曲『死の谷（デス・ヴァレー）』　キャピトル交響楽団（1955）〈Angel〉**

グローフェの作品の多くは巧みなオーケストレーションによって、アメリカ各地の風物詩を分かり易く描写した親しみ易さが本質である。『死の谷』も過酷な気象で知られるカリフォルニアの荒涼たる大砂漠、それに逞しい開拓者たちの精神などをイメージして、一九四七年に作曲された四曲から成る組曲である。第三曲「砂漠の水たまり」ではフォスターの『スワニー河』、『おお、スザンナ』などの旋律が引用されている。指揮もそのような内容に沿った明快な表現で、十分にオーケストラをコントロールしている。

◎**組曲『グランド・キャニオン』、ピアノ協奏曲ニ短調　ヘスス・マリア・サンロマ（P）、ロチェスター・フィルハーモニー管弦楽団（1959）〈Everest〉**

『グランド・キャニオン』は意外なほど控えめな演奏で、オーケストラが持つ色彩感を華麗にキャンバスに塗りつけたような曲にしてはやや物足りなく、グローフェの指揮はひたすら音楽の流れを繊細な情緒で以って大切に扱っている。最後の「豪雨」に至ってようやく雄大な曲の面目をみせる。いっぽう一楽章で書かれたピアノ協奏曲は、サンロマの豪快なヴィルトゥオーソぶりを聴くことが出来る。プエルトリコ出身らしく、どこか南国的な情緒もみられ、ここでのグローフェの指揮は力が入っている。

## ◆パウル・ヒンデミット（1895～1963）

### ◎交響曲『画家マティス』、交響的舞曲　ベルリン・フィルハーモニー管弦楽団（1955、1954）〈DG〉

音楽的にナチスに迎合しなかったヒンデミットが書いた歌劇『画家マティス』であるが、オペラの音楽を基に併行して作曲されたのが交響曲『画家マティス』である。フルトヴェングラーはベルリン国立歌劇場でそのオペラの上演を計画し、いわば露払いという形で彼は一九三四年三月にこの交響曲の初演を強行した。結果として『画家マティス』の上演は禁止され、フルトヴェングラーも公職辞任に追い込まれたのがいわゆるヒンデミット事件である。初演後間もなくヒンデミットはレコードに録音しているので、これは再録音盤である。作曲家の思いが強く表現された演奏で、見事にコントロールされたオーケストラも熱演である。交響的舞曲もヒンデミットの指揮者としての能力を知るに不足はなく、確信を持った棒捌きである。

### ◎ウェーバーの主題による交響的変容　ベルリン・フィルハーモニー管弦楽団（1955）〈DG〉

ナチスの弾圧を避けてアメリカに逃れたヒンデミットが一九四三年に書いた曲である。主題はウェーバーの劇音楽『トゥーランドット』および「四手のためのピアノ曲集」から選ばれており、四つの楽章で構成される。『トゥーランドット』のスケルツォを主題にした第二楽章は、ことに異国的な雰囲気が強い印象を与える。ヒンデミットの悠然たる指揮はスケールが大きく、ベルリン・フィルの演奏と相俟って堂々としている。

### ◆アーロン・コープランド（1900～1990）

**◎交響曲第三番、バレエ組曲『ビリー・ザ・キッド』　ロンドン交響楽団（1958）〈PH〉**

第三番はコープランドの交響曲としては初の本格的な作品で、クーセヴィツキー財団の委嘱によって一九四六年に書き上げられた。コープランドは民俗的な色彩の濃い作品で知られるが、彼自身シンフォニック・ジャズの作曲家ないしはアメリカ国民主義の作曲家、と評されることに抵抗感を覚えていたという。そのようなイメージを払拭すべく書いたのがこの交響曲である。それでもここにはやはりアメリカのカントリー的な要素が染み込んでいる。また『ビリー・ザ・キッド』は西部開拓時代のアメリカを彷彿とさせる。コープランドの指揮は解釈というよりも、作品の姿を率直に描こうとする鷹揚さが身上である。

**◎『市民のためのファンファーレ』、『エル・サロン・メヒコ』、クラリネット協奏曲　ベニー・グッドマン（Cl）、ロサンゼルス・フィルハーモニック（1976）〈Naxos＝DVD〉**

ロサンゼルスのドロシー・チャンドラー・パヴィリオンにおける演奏会のライヴである。『市民のためのファンファーレ』は第二次大戦中の一九四二年に、指揮者ユージン・グーセンスの依頼で書かれた金管楽器と打楽器のための小曲であるが、いかにも市民を鼓舞するような親しみ易さがあり、コープランドの作品の中では特にポピュラーになっている。『エル・サロン・メヒコ』はコープランドが一九三六年メキシコを訪れた際に立ち寄った酒場の名前で、メキシコの民俗色が強い。またクラリネット協奏曲はベニー・グッドマンの委嘱による一九四六年の作品で、カデンツァにおけるジャズ的な即興が面白い。コープランドの指揮は比較的端正で、強いていうならばストラヴィンスキーを思わせるが、決めるべき個所では決めるという余裕がある。

**◎バレエ音楽『アパラチアの春』　ボストン交響楽団（不詳）〈Ｒｅｇｉｓ〉**

作曲家自身の指揮だからといって、必ずしも大げさな表情や細部にこだわったりはしていない。あくまでもオーケストラの自発性に委ねた自然なアプローチである。そこにアメリカの山岳地帯を連想させる大らかさが表現されている。

## ◆アラム・ハチャトゥリアン（１９０３～１９７８）

**◎交響曲第二番ホ短調『鐘』　ウィーン・フィルハーモニー管弦楽団（１９６２）〈Ｄｅｃｃａ〉**

ショスタコーヴィチと並ぶ旧ソ連の代表的な作曲家であったハチャトゥリアンであるが、彼の音楽はプロレタリア主義の作風とは一線を画し、生まれ故郷グルジア（ジョージア）の民俗的な性格を強く打ち出した作品が多い。三曲の交響曲の中ではこの第二番が最も演奏される機会が多い。『鐘』というタイトルは標題的なものではなく、全曲を通して鐘の音が効果的に用いられていることに由来する通称である。自作の指揮に積極的だったハチャトゥリアンの精悍さに圧倒され、その緊張感を持った演奏は見事である。

**◎バレエ組曲『スパルタクス』、同『ガイーヌ』　ウィーン・フィルハーモニー管弦楽団（１９６２）〈Ｄｅｃｃａ〉**

ハチャトゥリアンはこの曲の指揮を好んでおり、中でも『ガイーヌ』は三回も録音を残している。バレエ音楽の抜粋なので、録音の都度に一部の曲が入れ替わっている。ハチャトゥリアンは来日した際にもこの曲を指揮しているが、この録音は老舗のウィーン・フィルを鮮やかにドライヴして、生気溌剌たる演奏を作り上げているのが見事という他はない。『ガイーヌ』の「剣の舞」など挑戦的でさえある。ここにはグルジアの土俗性と洗練された中欧のオーケストラであるウィーン・フィルとの見事な融合がみられる。

**◎組曲『仮面舞踏会』　フィルハーモニア管弦楽団（1954）〈EMI〉**

これもハチャトゥリアンの個性が発揮された名演である。彼にとってこの曲の二度目の録音であるが、その野趣に富んだ指揮ぶりは『ガイーヌ』などと共通しており、聴き手に興奮をもたらしてくれる。作品と演奏が見事に一致しているということが出来る。

**◎ピアノと管弦楽のためのコンチェルト・ラプソディ　ニコライ・ペトロフ（P）、ソビエト放送交響楽団（1975）〈MK〉**

ハチャトゥリアンには同じようなスタイルで書かれたチェロのための作品もある。ここにはペトロフの豪快かつ流麗なピアノが一気呵成に曲を弾き通す生理的な快感がある。もちろんさらに民俗的なリズム感も加わって、強烈な印象を残す。ハチャトゥリアンの指揮も面目躍如というところである。

**◎ヴァイオリン協奏曲ニ短調　ダヴィッド・オイストラフ（Vn）、フィルハーモニア管弦楽団（1954）〈EMI〉**

この曲を献呈されたオイストラフをソリストとした録音である。第三楽章のアレグロ・ヴィヴァーチェを別にして、ハチャトゥリアンは比較的客観的な立場で落ち着いた指揮ぶりである。オイストラフも十分にこなれた解釈であり、オーソドックスな演奏ということに尽きる。特にそのたっぷりとした響きには心が打たれ、中でも後半の二つの楽章は素晴らしい。第二楽章は哀感に満ち、第三楽章では土の香りが立ちのぼっている。

## ◆ルロイ・アンダーソン（1908〜1975）

◎《ルロイ・アンダーソン・コレクション》 管弦楽団（1954〜62）〈MCA〉

『ブルー・タンゴ』、『トランペット吹きの休日』、『タイプライター』、『舞踏会の美女』、『そりすべり』、『シンコペイテッド・クロック』などアンダーソンの作品四十七曲を収録した二枚組のCDである。アーサー・フィードラーを初めとして、近年以降エリック・カンゼル、レナード・スラトキンなどの指揮者が好んで演奏・録音しているが、作曲者自身の指揮はいかにも平明な解釈で、いわゆるアンコール用の軽妙な小品を自ら楽しんでいるかのようである。ただウィットに富んだ『クラシックのジュークボックス』が収められていないのが残念である。

## ◆ジャン・マルティノン（1910〜1976）

◎交響曲第四番『至高』 シカゴ交響楽団（1966）〈RCA〉

マルティノンはパリ音楽院において、名指揮者で作曲家でもあったロジェ・デゾルミエールに師事して作曲を修めた。この曲は一九六五年十二月、当時マルティノンが常任指揮者の座にあったシカゴ交響楽団の創立七十五周年のために作曲された。『至高』という曲題が付いているが、第一楽章「星への門」、第二楽章「垂直の園」、第三楽章「神々の交差」という哲学的な標題を持つ三楽章から成っている。マルティノンの解釈は各楽章の性格を鮮やかに浮き彫りにしていて、彼が知的な目を持つ指揮者であることを物語っている。シカゴ響のヴィルトゥオージティにも刮目させられる。

### ◆イーゴリ・マルケヴィチ（1912〜1983）

**◎バレエ音楽『イカルスの飛翔』、『新しい時代』 ベルギー国立管弦楽団（1938）〈Erato〉**

マルケヴィチはキエフの生まれ、十三歳の時にピアノのコルトーに見い出されてパリに留学、ピアノの他にナディア・ブーランジェに作曲を学んだ。早くからストラヴィンスキーに続く天才作曲家として認められ、バレエ・リュスを率いるディアギレフの知遇も得た。『イカルスの飛翔』はセルジュ・リファールの振付で上演されることを想定して作曲された七部から成る曲だが、一九三三年ロジェ・デゾルミエール指揮の演奏会で初演された。余りにも大胆な不協和音と複雑なリズムの音楽に会場は騒然となったが、ダリウス・ミヨーに激賞された。またその直前にマルケヴィチはコンセルトヘボウ管に招かれて指揮者デビューを果たし、その時に三曲から成る『新しい時代』が演奏されたが、自身ではシンフォニエッタと呼んだという。この曲は一九三八年にブリュッセルでも演奏されて絶賛を博した。なおヘルマン・シェルヘンにも師事したマルケヴィチが本格的に指揮活動に入ったのは、第二次大戦後になってからである。ＣＤの演奏であるが、この頃のマルケヴィチはいかにも作曲者の自演という意味合いが大きく、特に『イカルスの飛翔』は全体像よりも細部に対するこだわりが強いようである。対する『新しい時代』はそれが生きている。

## ◆ベンジャミン・ブリテン（1913〜1976）

### ◎シンプル・シンフォニー　イギリス室内管弦楽団（1967）〈Decca〉

ブリテンが若き日に書き留めておいたモティーフを用いて弦楽合奏曲としてまとめた作品である。曲名通りシンプルで分かり易い。いかにも生き生きとした表情を持った演奏になっているのは、さすがに作曲者の指揮だけのことはある。

### ◎パーセルの主題による変奏曲とフーガ　ロンドン交響楽団（1963）〈Decca〉

この曲は青少年向きに、オーケストラにおける楽器の扱い方について、音楽の一区切り毎に解説が挿入される教育用の目的で作曲された。したがって『青少年のための音楽入門』という曲名で呼ばれるが、ナレーション抜きで音楽だけが演奏される場合は、このようなタイトルが用いられる。ブリテンの指揮は冒頭のパーセルの主題を堂々と呈示する場面では威厳があるが、全体としては親しみ易い。

### ◎シンフォニア・ダ・レクイエム　ニュー・フィルハーモニア管弦楽団（1953）〈London〉

R・シュトラウスの奉祝音楽と同じく、日本の皇紀二千六百年の祝典音楽のための委嘱作であるが、総譜を受け取った日本側は曲名が祝典にはふさわしくないとして演奏されず、表向きそれは楽譜の到着が遅れたためと発表されたいわくつきの作品である。実はブリテンはここに亡くなった両親を追憶する意味を込めたとされ、打楽器の抑制された強打などに慟哭の叫びが聴こえてくる。ブリテンの指揮も真摯そのもので、作品の表裏を知り尽くしていると共に、彼の指揮者としての能力が尋常ではないことを証明している。

**◎チェロ交響曲　ムスティスラフ・ロストロポーヴィチ（Vc）、イギリス室内管弦楽団（1964）〈London〉**

ロストロポーヴィチのチェロは相変わらず絶妙だが、これがチェロ「協奏曲」ではなくて「交響曲」であることは一聴して分かる。構成も交響曲として四楽章で書かれ、打楽器が活躍するオーケストラはユニークな緊張感に包まれている。例えこれがブリテン自身の作品ではないとしても、彼がこれほど見事な指揮をすることを忘れてはなるまい。

**◎戦争レクイエム　ガリーナ・ヴィシネフスカヤ（S）、ピーター・ピアーズ（T）、ディートリヒ・フィッシャー＝ディースカウ（Br）、ロンドン交響楽団・合唱団、他（1963）〈Decca〉**

この曲は第二次大戦の戦火で破壊された、イギリスのコヴェントリー大聖堂復興の献堂式で演奏するための委嘱作である。平和主義者であるブリテンが精魂を込めて作曲したもので、歌詞はレクイエムの典礼文とオーウェンの反戦詩が用いられている。最初から初演・録音に参加したソ連、イギリス、ドイツという交戦国からの三人の独唱者を念頭に作曲が進められた。指揮者、独唱者を含め、入念で集中力の高い演奏は感動的である。戦後の音楽史上最も重要な作品の一つであり、優れた演奏による録音が残されたことを喜びたい。

**◎歌劇『ピーター・グライムズ』全曲　ピーター・ピアーズ（ピーター・グライムズ）、クレア・ワトソン（エレン・オーフォード）、ジェイムズ・ピアーズ（ボルストロード船長）、デイヴィッド・ケリー（ホブスン）、オーウェ**

ン・ブラニガン（スウォロー）、ローリス・エルムズ（セドリー夫人）、ジーン・ワトソン（アンティー）、コヴェントガーデン王立歌劇場管弦楽団・合唱団（1958）〈Decca〉

ピアーズ、C・ワトソンという最高の理解者を得たこの録音は、レコード史に永遠に残る作品である。ブリテンの指揮もただ作品に対する愛情がこもっているという以上に、全体を必要以上にグランド・オペラ化することを避け、そのあるべき姿を過不足なく表現していることで高く評価される。それにしてもピアーズの渾身の名唱、そしてピアーズに対して、控えめながら慈愛の目を注ぐエレン役のワトソンの二人の歌唱は、見事と言う他はない。

### ◆レナード・バーンスタイン（1918〜1990）

**◎交響曲全集　クリスタ・ルートヴィヒ（Ms）、モンセラ・カバリエ（S）、ルーカス・フォス（P）、イスラエル・フィルハーモニー管弦楽団、ウィーン・ジュネス合唱団（1977〜78）〈DG〉**

全三曲のうち第一番には『エレミア』、第二番には『不安の時代』、第三番には『カディッシュ』という標題が付いているが、基本的にはユダヤ教の思想と関連があり、いわゆるロマン派交響曲の標題とは性格を異にしている。作曲年代は隔たっており、また第一番には独唱が、第三番には独唱、少年合唱と語り手などの声楽が入り、さらに第二番には独奏ピアノが協奏曲風に加わるなど、バラエティに富んだ楽器編成である。バーンスタインは六十年代前半にもこれらの曲をニューヨーク・フィルと録音しており、若き日の姿を偲ばせるが、この再録盤は彼の指揮者として活躍の幅を広げるにつれ、音楽の表現がぐっと幅を広げ

たのを知ることが出来る。現代のマーラーとさえ言えるのではなかろうか。第一番でのルートヴィヒの歌も思慮の深さが見事であるし、第二番におけるフォスのピアノも旧盤のフィリップ・アントルモンよりもずっと作品にふさわしい。ただ第三番でのカバリエはニューヨーク盤のジェニー・トゥーレルに比べて美声に頼り勝ちである。

**◎『ウエスト・サイド・ストーリー』からのシンフォニック・ダンス、『オン・ザ・タウン』〜三つのダンス・エピソード、映画『波止場』からの交響組曲、オペレッタ『キャンディード』序曲　ニューヨーク・フィルハーモニック（1960、1961）〈SONY〉**

バーンスタインのポピュラーな管弦楽曲をまとめたCDである。ミュージカルや映画などに基づいているが、ここに漲るエネルギッシュな躍動感はまさに当時のアメリカの活況と無縁ではあるまい。バーンスタインもそのような気運の中から生まれたスター指揮者であり、嬉々として録音に望んでいたことが分かる。後にイスラエル・フィルと再録音した曲もあるが、これは作曲された時代に近い録音であるだけに、同時代の証言として永遠に残されるべきだろう。

**◎セレナード　ギドン・クレーメル（Vn）、イスラエル・フィルハーモニー管弦楽団（1978）〈DG〉**

〝プラトンの『饗宴』による〟と記されており、独奏ヴァイオリンの他に、ハープ、打楽器と弦楽合奏のための五楽章から成るかなり長大な作品である。各楽章にアリストテレス、ソクラテスなどの哲学者の名前が標題に付けられている。そういう意味では難解さを覚えない訳ではないが、クレーメルのヴァイオリンを得て、バーンスタインの指揮も生き生きとした生彩を放っている。この曲をセレナードといってもことさら異論はあるまい。

**◎ミサ曲～歌手、演奏家、ダンサーのためのシアター・ピース　アラン・タイタス（Br）、ノーマン・スクリブナー合唱団、バークシャー少年合唱団、管弦楽団（1971）〈SONY〉**

曲名の通り舞台上で繰り広げられる壮大な作品で、バーンスタイン最大の傑作の一つと考えられる。独唱陣には司祭役のタイタスの他にボーイ・ソプラノのソロも加わる。ジャズやブルースのリズムを取り入れた変化に富んだ楽想は、まさにバーンスタインの音楽であり、彼の指揮からもそれは良く分かる。ただこのような作品は映像で観てみたい。

**◎ミュージカル『ウエスト・サイド・ストーリー』　キリ・テ・カナワ（マリア）、ホセ・カレーラス（トニー）、タティアナ・トロヤノス（アニータ）、カート・オルマン（リフ）、マリリン・ホーン（いずこからの歌手）、管弦楽団&合唱団（1984）〈DG〉**

オペラ歌手たちによるミュージカルであるが、これはバーンスタインがクラシックの指揮者、それもオペラ指揮者として実績を積むうちに目覚めたアイディアだろう。作品も作曲から既に四半世紀の時期を経過した古典になっている。テ・カナワ、カレーラスなど美声の歌手がキャスティングを固めており、オペラに近い世界が繰り広げられている。それだけにトニーが歌う「マリア」に続く「マリアのバルコニーにて」の場面は美しい。バーンスタインの指揮も入念で、これはオペラといっても十分に通用する。

**◎オペレッタ『キャンディード』　ジェリー・ハドレー（キャンディード）、ジューン・アンダーソン（クネゴンデ）、**

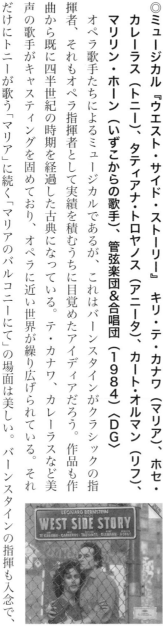

**クリスタ・ルートヴィヒ（老婆）、アドルフ・グリーン（パングロス博士）、ニコライ・ゲッダ（総督）、デッラ・ジョーンズ（パケット）、ロンドン交響楽団・同合唱団（1988）〈DG〉**

一九五七年ブロードウェイで初演されたのでミュージカルに分類されることもあるが、内容的にはヴォルテールの風刺劇によるオペレッタに近く、さらにはオペラの延長線上にある作品である。あえて言うならば、『ポーギーとベス』の現代版というところである。序曲で代表されるようなダイナミックな曲から、歌曲のような繊細さが必要な曲まで、バーンスタインは緩急自在に音楽を操っている。そこに彼の音楽のあらゆる要素が凝縮されているといえよう。歌は若手よりもヴェテランが多く起用されており、彼らには声そのものの力や美しさよりも、ニュアンス豊かな表現力が求められているようである。

## ◆ピエール・ブーレーズ（1925〜2016）

**◎プリ・スロン・プリ　フィリス・ブリン＝ジュルソン（S）、BBC交響楽団（1981）〈Erato〉**

ブーレーズは一九六〇年代から積極的にオーケストラ指揮者として活躍を開始、六八年にはベートーヴェンの交響曲第五番『運命』を録音するに至り、それは前衛的な現代音楽家のイメージを払拭する出来事だった。『マラルメの詩による即興曲』の副題を持つこの曲には一九六九年の最初の録音があり、オーケストラ指揮者としてその実力のほどを示していた。このCDは再録音盤であり、当然ながら指揮ぶりも練達の度を加えている。最初の録音で聴いた時の刺激的な難解さよりも遥かに親しみを覚える。

**◎ル・マルトー・サン・メートル（主のない槌）エリザベス・ローレンス（Ms）、アンサンブル・アンテルコンタンポランのメンバー（1985）〈SONY〉**

アルト（メゾ・ソプラノ）と六人の奏者による一種の室内楽曲である。曲名になった詩はルネ・シャールが一九三〇年頃に書いたもので、この詩人はセリエリズムに関心を持っていた。もうすっかり指揮者としての地位を確立していたブーレーズの指揮は、どこかシェーンベルクの『月に憑かれたピエロ』を思わせる楽想を的確に表現している。

## ◆アンドレ・プレヴィン（1929～2019）

**◎ヴァイオリン協奏曲『アンネ=ゾフィー』 アンネ=ゾフィー・ムター（Vn）、ボストン交響楽団（2002）〈DG〉**

ジャズ・ピアニストとしてプロの音楽家としてスタートを切ったプレヴィンは、ハリウッドで映画音楽も手掛けたが、一九六〇年代に入ってオーケストラ指揮者として活躍するようになってから、本格的な大曲も作曲している。ピアノ協奏曲、チェロ協奏曲と共に協奏曲三部作の一つとなったこの曲は、ボストン交響楽団の委嘱で作曲され、四ケ月余りの月日をかけて二〇〇一年十月に完成した。標題からも分かるように、結婚したばかりのアンネ=ゾフィー・ムターのための作品で、翌〇二年に初演された。その第三楽章はムターの提案によって、プレヴィンが子供時代を過ごしたドイツ童謡の変奏曲になっている。演奏は何よりもヴァイオリンの豊麗な音に魅せられる。そしてたっぷりとしたオーケストラの響きは、プレヴィンの幸せな時期の気分を増幅させている。

◎歌劇『欲望という名の電車』 ルネ・フレミング（ブランチ・デュボワ）、ロドニー・ジルフリー（スタンリー・コワルスキー）、エリザベス・フトラル（ステラ・コワルスキー）、アンソニー・ディーン・グリフィ（ハロルド・ミッチェル）、ジュディス・フォースト（ユーニス・ハッベル）、サンフランシスコ・オペラ管弦楽団（1998）〈DG〉

映画や演劇として有名なテネシー・ウィリアムズの原作で、サンフランシスコ・オペラの委嘱によってプレヴィンが初めて書いた三幕のオペラである。物語は妹ステラとその夫スタンリーとが安アパートに住むニューオーリンズを訪れた姉ブランチが、「欲望」と「霊園」と言う名の路面電車を乗り換えて、「極楽」という停車場に降りるのに驚くところから始まる。彼女は妹夫妻たちのふしだらな生活に翻弄されて精神に異常をきたすが、最後に彼らを理解して幕が下りる。プレヴィンの豊富な経験から生まれた多彩な音楽的要素が生かされた音楽は親しみ易い。録音は委嘱されたサンフランシスコにおける初演のライヴで、主役のフレミングの表現力が抜群である。プレヴィンの指揮も自家薬籠というところ。

## ◆フリードリヒ・グルダ（1930～2000）

◎交響曲ト長調　シュトゥットガルト放送交響楽団、南ドイツ放送ダンス・オーケストラ（1970）〈SWF〉

クラシック・オーケストラとジャズ・バンドとの共演というか融合を目指した作品で、三楽章から成っている。いつどのような目的で書かれたかは判然とせず、放送用の録音が発見されたものだという。第一楽章はアグレッシヴでジャズ的な要素が強く、第二楽章アダージョはクラシックの要素とジャズのイディオムが交互に顔を出すような色合いを持っており、音楽としては甘美な味もある。第三楽章はその締め括りともいうべき盛り上がりを見せる。曲が曲だけに指揮者としてのグルダの役割がどの程度意味を持っているのかは不明だが、もちろん演奏全体に責任を負っているのは当然である。

◆タン・ドゥン（1957〜）

◎歌劇『始皇帝』　プラシド・ドミンゴ（始皇帝）、ウー・シンフォ（陰陽師）、ミシェル・ドゥヤング（シャーマン）、ハオ・ジアン・ディアン（将軍ワン）、サラ・コバーン（皇女ユエヤン）、メトロポリタン歌劇場管弦楽団・合唱団（2006）〈EMI＝DVD〉

タン・ドゥン（譚盾）は自作の指揮に積極的に取り組んでおり、日本でも自作を指揮したことがある。何はともあれ、これはドミンゴを主役に配して、チャン・イーモウによる視覚に訴える迫力ある演出で、話題になった初演時のライヴ映像である。西洋のオーケストラと東洋の楽器や音響効果が融合したユニークな響きが新鮮である。タン・ドゥンの指揮には格別の不足は覚えないが、この演奏だけで一般的な指揮者としての能力を推し量ることは難しい。

《ピアノ》

◆ヨハネス・ブラームス（1833〜1897）

◎ハンガリア舞曲第一番ト短調（短縮）（1889）〈Documents〉

これはエジソンが発明した蝋管シリンダーへの録音である。この録音が行われた頃には、エミール・ベルリナーが発明した平板式の円盤レコードが急速に台頭していた。それに危機感を抱いたシリンダー側の制作者がウィーンに飛んで、大作曲家ブラームスを説き伏せ録音したものである。一八八九年十二月二日のことである。他にもう一曲ヨーゼフ・シュトラウスのポルカ『とんぼ』も録音されたが、ブラームスが発売を了承しなかった。何ぶんにも雑音の中で蚊が鳴くような音がするだけなので、今日残されている世界最古のピアノ録音という歴史的な意義に留まる。なお冒頭のアナウンスはブラームスではなく、録音エンジニアの声だといわれる。

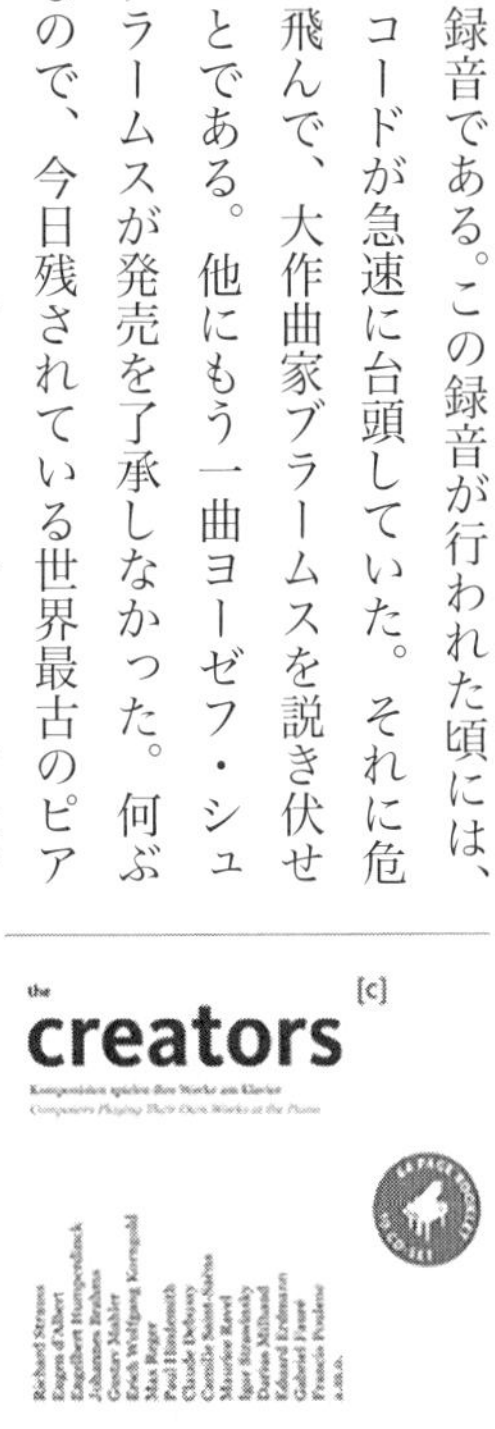


**◆カミーユ・サン＝サーンス**（１８３５～１９２１）

**◎『アルジェリア組曲』～フランス軍隊行進曲、夕べの夢想（１９１９）〈Ｎａｘｏｓ〉**

オーケストラ曲からの編曲である。作品の性格によるせいか、サン＝サーンスのピアノはタッチがしっかりとして十分に力強いものの、「フランス軍隊行進曲」は多分に即興的な面の強い演奏である。その点で「夕べの夢想」の方が自然で無理がない。

**◆エドヴァルド・グリーグ**（１８４３～１９０７）

**◎『民俗生活の情景』～通りゆく婚礼の行列、『抒情小品集』第五巻～農民の行進（１９０３）〈Ｎａｘｏｓ〉**

北欧の代表的な作曲家であるグリーグは、指揮者やピアニストとしても活躍した。いか

にも北欧らしい大らかさが感じられるところがグリーグの音楽の魅力である。この二曲もそのような傾向が強く、田園的な要素がみられる。古い頼りない録音のせいか、メロディ線よりもリズムの方が強く聴こえるが、それでも「農民の行進」の方はピアニスト、グリーグの持ち味が出ている。

**◆ガブリエル・フォーレ**（１８４５〜１９２４）

**◎パヴァーヌ嬰ヘ短調（1914）〈Documents〉**

原曲はオーケストラ曲である。これはヴェルテ・ミニヨンのピアノ・ロールへの録音で、その再生音がステレオで収録されている。したがって音質は比較的良好で、ダイナミズムを初めとしてリズム、テンポなどは演奏の意図がそれなりに忠実に再現されていると考えてよいだろう。ただ音色という点ではシステムの性質上、音のニュアンスが画一的で、必ずしも雰囲気がよく伝わらないように思われる。それにしても作曲家自身の演奏であり、曲の基本的な解釈を知ることが出来る。パヴァーヌという音楽の特質はそれなりに出ている。

**◆ヴァンサン・ダンディ**（１８５１〜１９３１）

**◎『旅の画集』〜緑の湖、『山の詩』〜リズミカルな舞曲（1923）〈Naxos〉**

山をこよなく愛したダンディらしいしゃれた曲である。「緑の湖」は静寂な湖の眺望ともいえる好ましさがあり、「リズミカルな舞曲」は文字通りの曲調である。ピアノの演奏自体にはさしたる特徴は感じられないが、作曲家が実感した風景の雰囲気を想像させることでこの録音の存在は意味を持つに違いない。

**◆セシル・シャミナード**（１８５７〜１９４４）

◎**バレエの調べ、『三つの古風な踊り』～クーラント、へつらう女、ピエレット（1901）〈Documents〉**

シャミナードは世界的にも先駆的なフランスの女流作曲家であり、得意のジャンルはサロン的な音楽だった。これらは録音年代の割には音が良く、彼女のエレガントな演奏スタイルを偲ぶに不足はない。もちろんそこには女性らしい限界が伺われるものの、それをマイナスに捉えるよりも美質として考えるべきだろう。「へつらう女」の屈折した情感、「ピエレット」の粋なセンスなどにそれはよく示されている。

### ◆イグナーツ・ヤン・パデレフスキ（1860～1941）

◎**『演奏会用ユモレスク』～メヌエット ト長調（1911）〈RCA〉**

一般にはこの「メヌエット」一曲のみで知られるパデレフスキであるが、作曲家として交響曲、ピアノ協奏曲、室内楽曲などを残している。生前は大ピアニストの一人であり、この「メヌエット」の独特の装飾を加えながらのダイナミックな演奏を聴けば、その名声に疑う余地はない。他にピアノ・ロールへの録音もあり、ベートーヴェンの『月光』ソナタなどが残されている。

### ◆グスタフ・マーラー（1860～1911）

◎**歌曲集『さすらう若人の歌』～朝の野辺を歩けば、私は緑の森を楽しく歩いた、交響曲第四番～第四楽章、交響曲第五番～第一楽章（ピアノ編） クラウディヌ・カールソン(Ms)、イヴォンヌ・ケニー(S)（1905・1992）〈Pickwick〉**

マーラー研究家で指揮もするギルバート・キャプランが監修した《マーラー・プレイズ・

マーラー》というCDである。マーラーの演奏は一九〇五年収録のピアノ・ロールで、それが一九九二年にスタインウェイ・ピアノで再生されている。マーラーは指揮者として活躍したが、彼の交響曲は生前に認められることはなかった。これはそのマーラーがピアノ・ロールながら自分で交響曲を弾いているところに価値がある。演奏は作曲家の思い入れというよりも、細かな修飾を加えながらの即興的で自在な表現が面白い。交響曲の自演盤がないだけに、ピアノ・ロールとはいえ、彼のテンポ感を知る資料としての意味は少なくない。「朝の野辺を・・」と「私は緑の森を・・」では、カールソンの歌唱がマーラーのピアノ・ソロを伴奏として用いられ、交響曲第四番ではケニーの歌がやはりマーラーのピアノをバックに収録されていている。なお別レーベル（Ｐｒｅｉｓｅｒ）では、ピアノ・ロールをマーラー自身が所持していたブリュートナー・ピアノで再生した録音もある。

◆イサーク・アルベニス（１８６０～１９０９）

◎組曲『イベリア』の即興Ⅰ・Ⅱ（１９０３）〈Ｄｏｃｕｍｅｎｔｓ〉

ピアニストとしても活躍したアルベニスであるが、ここで聴ける演奏はいささか心許ない。どこか余技的な感じがする。冒頭に作曲者と思われるアナウンス入り。

◆クロード・ドビュッシー（１８６２～１９１８）

◎『版画』～グラナダの夕べ（１９１３）〈Ｗａｒｎｅｒ〉

ドビュッシーは前年にもピアノ・ロールにこの曲を録音しているが、これはＳＰレコードへの録音である。音質的にはピアノ・ロールの再生音に劣るとはいえ、どこかスペインの気だるい雰囲気があり、ここにはドビュッシーの洗練された演奏によって、粋なフラン

ス音楽としての特質が示されている。

◎『忘れられた小唄（アリエッタ）』～巷に雨が降るごとく、木々の陰、緑　メアリー・ガーデン（S）（1904）〈Warner〉

ガーデンはスコットランド生まれながら幼少期からパリで暮らしたために、英語よりもフランス語の方が得意だった。それだけにドビュッシーの指名を受けて、一九〇二年歌劇『ペレアスとメリザンド』の初演でメリザンド役を創唱した。こうしてドビュッシーのお気に入りとなったガーデンは、作曲者の伴奏でこの曲の録音を行うことになった。必ずしも美声とはいえず、太めな声によって艶めかしい歌い回しで曲を表現している。ドビュッシーのピアノはぼそぼそとした感じである。

◆リヒャルト・シュトラウス（1864～1949）

◎「献呈」、「夜」、「帰郷」、「秘めごと」、「憩え、わが魂」　ハインリヒ・シュルスヌス（Br）（1920）〈DG〉

シュトラウスは以下に取り上げるように、多数の歌曲の録音においてピアノ伴奏を自ら買って出ているが、シュルスヌスは当時の日本では想像も出来ないほど、ドイツにおいて高い人気を誇るリート歌手だった。シュトラウスはその美声のシュルスヌスの歌唱を大きな枠組みのピアノで支えている。

◎「献呈」、「たそがれの夢」、「チェチーリエ」、「子守歌」、「わが子に」　マリア・ライニンク（S）（1942、1943）〈Documents〉

◎「ああ恋人よ、私は別れなければならない」、「悪天候」、「ベルヴェデーレの上からの眺め」　ヒルデ・コネッツニ（S）

(1943)〈Documents〉

◎「帰郷」、「セレナード」、「私の思いのすべて」、「ときめく心」、「私は漂う」、「ひびけ、森の幸福」　レア・ピルッティ(S)(1942)〈Documents〉

◎「帰郷」、「あなたの眼差しが私を見た時から」、「私の思いのすべて」、「あこがれ」、「幸せがいっぱい」、「見事にいっぱいな」、「献呈」、「夜」、「あなたは私の心の王冠」、「私は恋を抱いて」、「あなたの黒髪を私の頭に広げてください」、「ひそやかな誘い」、「私はおまえを愛する」　アントン・デルモータ(T)(1942、1943)〈Documents〉

◎「乙女よ、なぜ隠すの」、「ああ悲しい私」、「不幸をまとった男」、「憩え、わが魂」、「ひそやかな誘い」、「ばらの花環」、「冬の愛」　アルフレート・ペル(Br)(1943)〈Documents〉

一九四二年と四三年にシュトラウスは自らのピアノ伴奏で大量の歌曲を録音した。彼は特にソプラノに対する好みが強かった。彼が好んだソプラノの声質は多岐にわたっているが、その中でもライニンクはイタリア式にいえばリリコ・スピント系である。そのオーソドックスな歌唱がシュトラウスの歌曲のスタンダードな表現者として、作曲者から高い評価を得たに違いない。またコネツニはオペラではそれよりもやや太め声の持主として活躍したが、ここでは高音域に張りがあり、細やかで幅の広い表現に秀でている。ピルッティはもっともリリカルな声質の持主であり、それは可憐な「セレナード」で生かされている。それに対して男声は、比較的自由に個性を打ち出すタイプの歌手が起用されている。デルモータは当時モーツァルト歌手として定評があったが、リート歌手としても歌に無理はなく、ペルも『ばらの騎士』のオックス男爵を彷彿とさせる。シュトラウスは嬉々として伴奏ピアノを弾いているようだ。

**◆エンリケ・グラナドス**（1867〜1916）

**◎『スペイン舞曲集』〜悲しい踊り、『ゴイェスカス』の「わら人形」による即興曲、スカルラッティのソナタを原曲とするソナタ第十番（1912）〈Naxos〉**

演奏はいかにも流麗で、スペイン的なリズムが良く出ている。それは「悲しい踊り」にとどまらず、「即興曲」にも通ずる特徴である。ソナタ第十番はスカルラッティのソナタの変ロ長調L250（K190）が原曲であるが、いかにもグラナドス流に料理された作品となっている。なおグラナドスは同じ一九一二年にピアノ・ロールにも数曲録音している。

**◆アレクサンドル・スクリャービン**（1872〜1915）

**◎十二の練習曲〜第十二番嬰ニ短調、二十四の前奏曲集〜第一番ハ長調、第二番イ短調、第十三番変ト短調、第十四番変ホ短調、二つの詩曲〜第一番嬰ヘ長調、二つのマズルカ〜第二番嬰ヘ長調、二つの小品〜第一番「欲望」（1913）〈Documents〉**

これらの録音はピアノ・ロールのためである。いずれも短い曲であるが、いささか急いたテンポで時折乱暴なタッチが聴かれる。もちろん最低限のダイナミズムは確保されており、スクリャービンがピアノ曲に込めた思いをある程度理解することが出来る。ただタッチの微妙なニュアンスの違いは必ずしも明確ではなく、そこにピアノ・ロールの限界があるように思われる。

**◆セルゲイ・ラフマニノフ**（1873〜1943）

**◎ピアノ協奏曲第一番嬰ヘ短調・同第三番ニ短調・同第四番ト短調　ユージン・オーマンディ指揮フィラデルフィア管弦楽団（1939、1941）〈RCA〉**

**◎ピアノ協奏曲第二番ハ短調、パガニーニの主題による狂詩曲　レオポルド・ストコフスキー指揮フィラデルフィア管弦楽団（1929、1934）〈RCA〉**

ラフマニノフは一九一八年アメリカに渡った時、ピアニストとしての収入をはるかに上回る高給で、ボストン交響楽団から常任指揮者就任の打診を受けたことは指揮者の項に記した。それを断って彼はコンサート・ピアニストとしての名声を高めた。そして自ら作曲したピアノとオーケストラのための作品全五曲の録音を残している。強靭なタッチによるスケールの大きなピアノは、やはり第二番、第三番、それにパガニーニ狂詩曲などの名曲において一段の効果を上げている。例えば第二番の冒頭の深みのある音を聴けばそれはすぐに分かる。もちろんパガニーニ狂詩曲も初演後間もなく同じ顔触れによる演奏であり、ダイナミックな躍動感が素晴らしい。オーマンディもストコフスキーも巧みな指揮者なので、バックを付けることでは絶妙である。もちろんストコフスキーの方が濃厚かつロマンティックな味を持っている。

**◎前奏曲～第十番変ト長調・第十四番変ホ長調・第十六番ヘ短調・第十七番ヘ短調・第一番嬰ハ短調、練習曲集『音の絵』～第二番ハ長調・第七番変ホ長調、『ひなぎく』、練習曲集『音の絵』（絵画的練習曲集）～第六曲イ短調、『オリエンタル・スケッチ』、幻想的小品集～第三曲ホ長調「メロディ」・第五曲変ロ長調「セレナード」、サロン小品集～第五曲「ユモレスク」、十二の歌～第五曲「リラの花」、『楽興の時』変ホ長調、『VRのポルカ』（1925、1928、1940）〈RCA〉**

電気吹き込みによる録音であり、ラフマニノフの巨大な手によるヴィルトゥオージティが発揮され、自作を弾いているだけにピアニストとしてのラフマニノフの力量を実感するに不足はない。『音の絵』変ホ長調やイ短調における強力なタッチは、まさにピアノの巨人というにふさわしい。『オリエンタル・スケッチ』も異国的な味わいがあり、その他もいずれも小品であるが、自在な表現を見せる。『VRのポルカ』も楽しい。

**◎サロン小品集～第三番ト短調『バルカローレ』、十三の前奏曲～第五番ト長調、十の前奏曲第五番ト短調、幻想的小品集～第二曲「前奏曲」嬰ハ短調（1919、1920）〈Naxos〉**

ラフマニノフは初めエジソン・シリンダーと契約してレコード録音を開始したが、音質に不満な演奏が発売されたために新たに米ビクターと契約して録音を再開した。「サロン小品集」の『バルカローレ』はエジソンへの録音で、ブラームスの録音に比べれば音質ははるかに向上している。同じ曲が三回収録されている例があるのは、シリンダー録音のシステム上の問題で、演奏家は同じ曲を何回も繰り返し演奏してシリンダーを多数製作しなければならなかったからである。「前奏曲」はビクター録音で、もちろん平板原盤のプレスなので、一度録音すれば何枚も複製出来た。伸び伸びとした自由な演奏である。

## ◆モーリス・ラヴェル（1875～1937）

**◎ソナチネ～第一楽章、『高雅で感傷的なワルツ』、『亡き王女のためのパヴァーヌ』（1912、1922）〈Documents〉**

ラヴェルが録音したのはピアノ・ロールである。この頃にはSP録音はかなり普及していた筈であるが、彼のSPレコードへの録音は見当たらない。一九一二年録音のソナチネと『高雅で感傷的なワルツ』は、しばしばコンサート活動を行っていたラヴェルにしてはいささか消極的な演奏に終始しているようである。しかし二二年の『パヴァーヌ』はいかにもラヴェルらしく音楽に流動性が見られる。

## ◆ベラ・バルトーク（1881〜1945）

**◎アレグロ・バルバロ、組曲全四曲（1929）〈Documents〉**

自国ハンガリーはもちろん、広く中欧やバルカンの音楽に深い関心を抱いたバルトークの代表作の一つである『アレグロ・バルバロ』は、民俗色たっぷりのリズミカルな野性味を聴かせる。作品十四の組曲はもう少し洗練された形でローカルな性格を自然に打ち出している。

**◎二台のピアノと打楽器のためのソナタ　ディッタ・バルトーク＝パーシトリー（P）、ハリー・J・ベイカー、エドワード・ラブサン（打楽器）（1940）〈Documents〉**

バルトーク夫妻のピアノに加えて、二人の打楽器奏者が加わった演奏で、室内楽というよりも、打楽器の響きが音楽のニュアンスの幅を広げているピアノ曲である。生気に満ち溢れた演奏はバルトークの音楽の真髄を語り尽くしている。

**◎コントラスツ　ヨーゼフ・シゲティ（Vn）、ベニー・グッドマン（Cl）（1940）〈Biddulph〉**

ジャズ界の巨匠グッドマンのクラリネットが参加していることで分かるように、音楽の性格は多分に軽く、ディヴェルティメント風の趣を持っている。初演と同一メンバーによっ

て初演後早速録音されたもので、ここではシゲティ、バルトークよりもグッドマンの活躍ぶりが注目される。

◎狂詩曲第一番　ヨーゼフ・シゲティ（Vn）（1940）〈Biddulph〉

バルトークの意志の強いピアノがこの曲のすべてを物語っており、それに対して全盛期のシゲティのヴァイオリンも厳しい姿勢で臨んでいる。民俗色を越えた音楽の純粋性が際立つ演奏になっている。

## ◆セルゲイ・プロコフィエフ（1891〜1953）

◎ピアノ協奏曲第三番ハ長調　ピエロ・コッポラ指揮ロンドン交響楽団（1932）〈Naxos〉

プロコフィエフのピアノ協奏曲の中でも第三番は特にポピュラーな作品である。ロシア革命を逃れて西側へ亡命中の一九二一年に完成した。亡命途上日本にも立ち寄ったが、その時耳にした『越後獅子』の旋律が第二楽章に引用されている。プロコフィエフがピアニストとして活躍していた時代の作品であるだけに、多分に技巧的な華やかさを持ち、郷愁を感じさせる抒情的な美しいメロディと融合した傑作である。プロコフィエフのピアノも冴えており、いささか気まぐれと思われるほど自由闊達な演奏巧者ぶりを発揮している。

◎四つの小品Op4〜第四曲「悪魔的暗示」、『束の間の幻影』〜第九、三、十七、十八、十一、十、十六、六、五番（1935）〈Naxos〉

一九一七年に勃発したロシア革命後アメリカにまで逃れたプロコフィエフだが、これはソ連に帰国後ロンドンに出向いての録音である。「悪魔的暗示」は曲調を的確に示した演奏である。『束の間の幻影』は全二十曲の小品からなる作品だが、プロコフィエフはその中の九曲を任意の順番で弾いている。なかなかのテクニシャンであることが分かる。他にピアノ・ロールの録音であるならば、有名な『トッカータ』などが残されている。

**◎交響曲第一番ニ長調『古典』～第三楽章（1935）〈Naxos〉**

オーケストラ曲の編曲であるが、間の取り方の巧さにはさすがに作曲者らしい味があり、わずか一つのガヴォット楽章とはいえ、この曲の解釈の参考の一助になることだろう。

### ◆ダリウス・ミヨー（1892～1974）

**◎スカラムーシュ　マルセル・メイヤー（P）（1938）〈Documents〉**

ミヨーは若い頃ブラジルのリオ・デ・ジャネイロに二年間ほど滞在したことがある。帰国後その時の印象を元に作曲したのが二台のピアノのためのこの曲で、三楽章から成る。いかにも南国的でコミカルな味わいを持っている。メイヤーはコルトーの弟子であり、ミヨーと二人で楽しげに弾いている。

### ◆フェデリコ・モンポウ（1893～1987）

**◎『歌と踊り』第三巻（1974）〈Documents〉**

モンポウは主にピアノ曲と歌曲に特化して作曲に励んだが、一九七四年にその全ピアノ曲を自らの演奏で録音する計画が立てられた。これはその中の一部であり、ピアニスティックというよりも作品の内容を知り尽くした余裕のある演奏が魅力である。

◆エーリヒ・ヴォルフガング・コルンゴルト（1897〜1957）

◎ピアノ・ソナタ第一番ニ短調〜終楽章、歌劇『死の都』による即興（1951）〈Documents〉

コルンゴルトはウィーンの生まれで、モーツァルトの再来と評されるほどの天才だった。第二次大戦後アメリカに渡ってハリウッド映画の世界でも活躍したが、作風としてはR・シュトラウスに連なる後期ロマン派の傾向を持っている。ピアノ・ソナタはグランド・マナーというべき堂々とした演奏であり、また『死の都』はいかにも即興的な要素を強く出してオペラらしい雰囲気がある。

◆ジョージ・ガーシュウィン（1898〜1937）

◎ラプソディ・イン・ブルー　ポール・ホワイトマン楽団（1924）〈RCA〉

ジャズ・バンドのリーダーであったポール・ホワイトマンの依頼で短期日の間に作曲された。本格的な音楽教育を受けていなかったガーシュウィンは二台のピアノ曲として作曲し、その片方のパートをオーケストレーション化する作業を受け持ったのがグローフェである。こうしてシンフォニック・ジャズが誕生した。ガーシュウィンのピアノはいささか自己流とはいえ、ブルース的な気分は十分で、彼のピアノの技量がどれほどのものであったかを想像することが出来る。冒頭のクラリネットによるサイレンのような上昇音階は、初稿ではレガートで演奏されるように書かれていたが、練習時にホワイトマン楽団のクラリネット奏者が面白半分にグリッサンド奏法で吹いたところ、それを気に入ったガーシュウィンが採り入れてこのような形になったといわれる。一九二四年

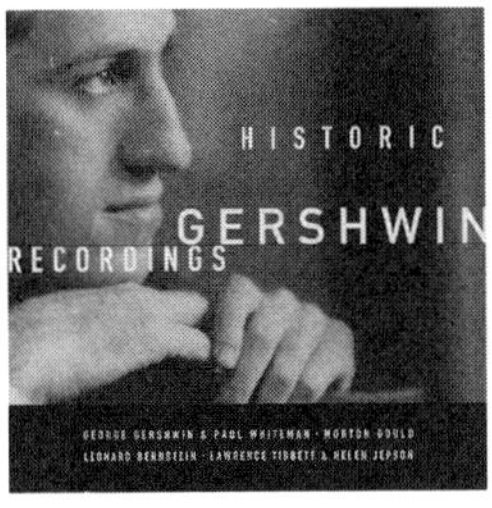

二月一二日に初演されたが、同年六月に行われたこの録音は短縮版で演奏されている。ガーシュウィンはその三年後、一九二七年にナサニエル・シルクレット指揮するポール・ホワイトマン楽団をバックに電気録音で再録した。CDにはそれも収録されているが、やはり短縮版である。

**◎ラプソディ・イン・ブルー　マイケル・ティルソン＝トーマス指揮コロンビア・ジャズ・バンド（1925、1976）〈SONY〉**

ガーシュウィンはこの曲の二台のピアノ版を用いてピアノ・ロールに自身でソロ・パートとオーケストラとの両パートを合わせて全曲録音した。その録音を再生して、ピアノ・ソロ・パートだけを取り出し、グローフェのオリジナルのジャズ・バンド用のスコアを用いて新たにステレオ録音したのがここに聴ける音源である。前記の録音が短縮版であったのに対して、これは作曲家自身が弾いた完全全曲盤となった。ティルソン＝トーマスは若い感覚の持主であるが、ガーシュウィンのテンポに合わせるのに苦慮しているような個所が見られるものの、このようなユニークな試みにふさわしい指揮者といえるだろう。なお現在一般に演奏されるのは、一九四二年にフランク・キャンベル＝ワトソンがシンフォニー・オーケストラ用に書き直した版である。

**◎パリのアメリカ人　ナサニエル・シルクレット指揮RCA交響楽団（1929）〈RCA〉**

ここでのガーシュウィンはピアノではなくてチェレスタ奏者として参加している。それだけに彼をヒューチャーするためにオーケストラの楽器バランスはチェレスタが大きく収録されているが、元来独奏者的な立場で書かれている訳ではない。

### ◆フランシス・プーランク（1899～1963）

#### ◎三つの常動曲、フランス組曲全七曲（1932、1936）〈Documents〉

『常動曲』はいかにも躍動的な動きで一気に音楽が流れている。『フランス組曲』の七曲はいずれも小品であるが、フランス的な洗練されたニュアンスが溢れている。第三曲の「軍隊行進曲」なども性格をよく把握した演奏であり、曲によっては若干の技術的な弱さが見られるものの、自作自演の味わいは十分である。

### ◆ロベール・カサドシュ（1899～1972）

#### ◎ピアノ協奏曲第二番ホ長調　ジャン・マルティノン指揮フランス国立放送管弦楽団（1969）〈SONY〉

パリ音楽院でルイ＝ジョセフ・ディエメに師事したカサドシュは、一九二一年頃からラヴェルと一緒に楽旅して彼の音楽のすべてを吸収し、それによってラヴェル演奏の権威として謳われた。カサドシュはまた作曲家としても七曲の交響曲、三曲のピアノ協奏曲や室内楽曲も残している。古典的な三楽章から成るこのピアノ協奏曲第二番は、ラヴェルの音楽をもう少し平易にしたような作品で親しみ易い。カサドシュのリズミカルで流麗なピアノの運びが心地よい演奏で、マルティノンの指揮は常識的である。

### ◆ドミトリー・ショスタコーヴィチ（1906～1975）

**◎交響曲第十番ホ短調〜第二楽章、第三楽章　ミエチスワフ・ワインベルク（P）（1954）〈Documents〉**

四手のピアノによる演奏であるが、これは交響曲が完成した翌一九五四年に編曲された。若い仲間であるワインベルクとの共演であるが、あくまでショスタコーヴィチの意志が強く反映されている。一九二七年の第一回ショパン・コンクールで名誉ある賞を獲得して、ピアニストへの道を目指していただけのことはある演奏である。

**◎二台のピアノのためのコンチェルティーノ　マキシム・ショスタコーヴィチ（P）（1956）〈Documents〉**

交響曲第十番のピアノ版が書かれたのと同じ一九五四年の作品で、息子マキシムのリサイタルのために作曲され、親子二人で演奏された。これもショスタコーヴィチが見事なヴィルトゥオーソであることを物語っている。

**◎二十四の前奏曲とフーガ〜第三番・第二十四番（1951）〈Documents〉**

ショスタコーヴィチは一九五〇年ライプツィヒで催されたバッハ記念祭に招かれたのを機に、バッハの『平均律クラヴィーア曲集』の現代版として作曲された。この演奏には大バッハに対する敬意が払われているのは言うまでもない。

**◆オリヴィエ・メシアン**（1908〜1992）

**◎『アーメンの幻影』〜第四曲『願望のアーメン』・第七曲『成就のアーメン』　イヴォンヌ・ロリオ（P）（1969）〈Documents〉**

夫人のロリオとの二台のピアノの演奏である。生涯パリの教会のオルガニストであったメシアンが辿りついた独特の音響の世界がみられる最初の作品であり、それは最終的には鳥の鳴き声まで音声化するに至る。これはオルガン的な響きと独特の音列によって天国的な世界を描き出したピアニスティックな演奏であり、ここにメシアンの神に対する深い信仰の証を読み取ることは可能だろう。

### ◆ベンジャミン・ブリテン（1913〜1976）

**◎チェロ・ソナタ　ムスティスラフ・ロストロポーヴィチ（Vc）（1961）〈London〉**

ブリテンは自作のオーケストラ曲を指揮し、器楽曲や歌曲では共演者や伴奏者としても活躍した。チェロのロストロポーヴィチのためには二曲の「無伴奏チェロ組曲」を作曲したが、このソナタは一九六一年に完成するとロストロポーヴィチに献呈された。五楽章から成り、チェロの超絶技巧に対してピアノも伴奏という以上に繊細かつ複雑な動きを要求される。ここではブリテンのピアニストとしての能力が発揮されている。

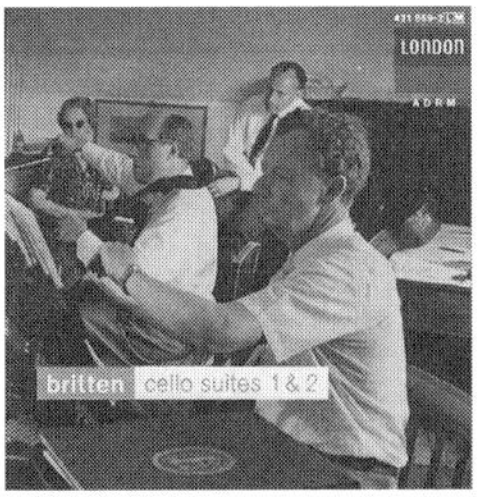


### ◆レナード・バーンスタイン（1918〜1990）

**◎七つの記念〜第一番『アーロン・コープランドに』・第六番『セルゲイ・クーセヴィツキーに』・第七番『ウィリアム・シューマンに』（1947）〈Documents〉**

作曲家であり、指揮者であり、ピアニストとしても幅広く活躍したバーンスタインだが、彼はその間に世話になった身近な人物たちを記念して、全七曲から成る「七つの記念」を一九四二年から翌年にかけて作曲した。いずれもごく短いとりとめもない作品で、才気煥発とはいえ特筆すべきほどのものはない曲であり演奏である。

### ◆フリードリヒ・グルダ（１９３０〜２０００）

**◎コンチェルト・フォー・マイセルフ　フリードリヒ・グルダ（P）指揮ミュンヘン・フィルハーモニー管弦楽団（１９８８）〈Amadeo〉**

ピアノと管弦楽のためのソナタ・コンチェルタンテと記されており、四楽章のそれぞれは暗号めいた副題を持っている。CDは自ら弾き振りした演奏で、オーケストラにはエレキ・ベースとドラムスが加わっている。当然とはいえソロ・パート はジャズ・トリオの様相を呈するなど、グルダはクラシックと前衛音楽とジャズの世界の間を自由に闊歩するかのようである。

## 《弦楽器》

### ◆パブロ・デ・サラサーテ（１８４４〜１９０８）

**◎ツィゴイネルワイゼン（短縮）ピアノ伴奏者不明（１９０４）〈EMI〉**

晩年のサラサーテは自作七曲を含むレコードを録音したが、これはその中の一曲である。古い録音ながら音質はそれなりに確保されており、サラサーテのヴァイオリンの音を推測することは可能である。演奏は自在というか作曲家なりの自由な表現で、ことに後半は華々しい。省略されているのは中間部であるが、録音時のカットというよりは原盤からの再生

時のトラブルのように思われる。途中でアナウンスの声が入っている。

### ◆イェネー・フバイ（1858〜1937）

**◎歌劇『クレモナのヴァイオリン作り』間奏曲、子守歌、『チャルダーシュの情景』〜第五番『バラトン湖のさざなみ』・第十二番『小鳩』　オットー・ヘルツ（P）、ナーンドル・ショルト指揮ブダペスト音楽院管弦楽団（1928、1929）〈Biddulph〉**

ハンガリー生まれのフバイはアンリ・ヴュータンに師事したので、フランコ＝ベルギー派のヴァイオリニストといえるだろう。作曲家としても幅広い作品を残している。これはフバイ七十歳頃の録音なので、テクニック上の期待は出来ないし、演奏スタイルも古めかしさがある。それでも『チャルダーシュの情景』では母国の民俗的な要素が強みとなってか、十分な力強さをみせている。『小鳩』はオーケストラ伴奏である。

### ◆ウジェーヌ・イザイ（1858〜1931）

**◎『三つのマズルカ』〜第三番ロ短調『遠い過去』、子供の夢　カミーユ・デクルス（P）（1913）〈SONY〉**

イザイは十九世紀後半から二十世紀初頭にかけて、ベルギーを代表する名ヴァイオリニストとして活躍し、後に指揮者としても実績を残している。また作曲家としてヴァイオリン曲は八つの協奏曲をはじめ多数ある。中でも六曲からなる無伴奏ヴァイオリン・ソナタは、バッハのそれと並んでこのジャンルの作品においては最高峰とされているが、この曲の自作自演の録音は見当たらない。そのイザイの面影を偲ぶことが出来るこの録音は、ヴァ

イオリニストとして後年になっての演奏とはいえ、『遠い過去』は天衣無縫ともいえる自在な演奏ぶりを示しており、『子供の夢』はどこか子守歌のようなのどかな憧れが伺われる。

## ◆フリッツ・クライスラー（1875〜1962）

### ◎ヴィヴァルディの様式による協奏曲ハ長調　ドナルド・ヴォーヒーズ指揮ビクター弦楽オーケストラ（1945）〈Naxos〉

フリッツ・クライスラーは二十世紀の前半には〝ヴァイオリニストの王〟と呼ばれたウィーン出身の、世界最高のヴァイオリニストというにとどまらず、最も愛されたヴァイオリニストであった。しかも自らの演奏会で弾くために親しみやすい小品を数多く作曲した。これは彼の作品としては比較的珍しいヴァイオリン協奏曲で、当初はヴィヴァルディの協奏曲と称して演奏した。クライスラーはしばしばヴィヴァルディを初めとして、マルティーニ、ボッケリーニ、プニャーニ、ルクレール、クープランなどバロックの作品と称する曲を弾いていたが、一九三五年のある機会にそれらは自分の作品であることを告白した。それはいつも自分の作品ばかり弾いていると聴衆が飽きるだろうと思い、お客を楽しませるためにバロックの作曲家の作品と称して自作を弾いていたというのが真相である。この偽作事件は当時大きな話題になったようであるが、クライスラーのサービス精神の表れといえるエピソードである。そしてその後これらの曲はいずれも〝〇〇〇の様式による〟と冠されることになった。ところでこの録音はクライスラーの生涯で最後のものである。特別な技巧を要する曲でもないので、クライスラーの人懐っこい表情をたっぷりと味わうに不足はない。

### ◎弦楽四重奏曲イ短調　トーマス・ペトレ（Vn）、ウィリアム・プリムローズ（Va）、ローリ・ケネディ（Vc）（1935）

〈Documents〉

ブルックナーに作曲を学んだことのあるクライスラーの一九一九年の作品である。古典的な四楽章から成り、「幻想曲」と名付けられた第一楽章、「スケルツォ」の第二楽章、「ロマンス」の第三楽章、そして「終曲」の第四楽章となっている。強いていえば、コルンゴルトに近い作風であるが、作曲者クライスラー自らを第一ヴァイオリン奏者とした弦楽四重奏団の演奏は、曲の性格を把握した堅実さによって比較的珍しい曲の紹介に貢献している。中音域を担当するプリムローズの存在も大きい。

### ◎クライスラー自作自演集　カール・ラムソン、ジョージ・フォールケンシュタイン（P）（1910～1929）〈RCA〉

クライスラーは一九一〇年、アメリカ初の大手レコード会社であるビクター（RCA）と契約して、膨大なレコーディングを行った。この時代の録音としてはラフマニノフと共演したベートーヴェンや、グリーグのヴァイオリン・ソナタなどの大曲も重要だが、このCDには主に一九二〇年代に録音した自作が十九曲選ばれている。これらはクライスラー最盛期の演奏で、『愛の喜び』、『愛の悲しみ』、『ウィーン奇想曲』、『中国の太鼓』、『美しきロスマリン』などの代表曲が収められている。いずれも比類ない甘美な音色を持ち、独特のフィーリングが生かされた親しみ易さがストレートに伝わってくる。

### ◎ヴァイオリン小品集　フランツ・ルップ、ミヒャエル・ラウハイゼン（P）（1906、1926～1938）〈EMI〉

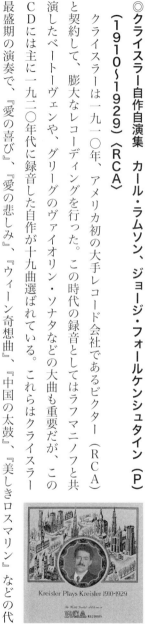

クライスラーは一九二〇年代の中頃から一九三〇年代にかけてはＨＭＶ（ＥＭＩ）にも多数の録音を残し、とりわけベートーヴェン、メンデルスゾーン、ブラームスという三大ヴァイオリン協奏曲を録音した最初のヴァイオリニストという実績がある。彼の録音歴は一九〇四年のＧ＆Ｔ（後にＨＭＶに吸収）への録音に始まるようだが、これは二枚のＣＤに編集されたＥＭＩ盤の中の彼が得意とする小品集で、ドヴォルザークの『ユモレスク』の編曲など、クライスラーの作品といってもよいほど親しまれている曲も含まれている。一九〇六年録音の『クープランの様式によるプロヴァンスのオーバード』を除けば、年齢的には五十歳前後の演奏であり、前記のＲＣＡ盤と曲目は殆どがダブるが、自家薬籠とする曲ばかりで、ビクター盤よりも自由きわまりない演奏になっている。

**◎喜歌劇『りんごの花ざかり』～「誰が話しているのか」　ジョセフ・パステルナック指揮管弦楽団（1920）〈Ｂｉｄｄｕｌｐｈ〉**

クライスラーがアメリカで書いたオペレッタの中のアリアで、初演の翌年の録音である。アリアの声楽部をヴァイオリンで弾いている訳であるが、特にどういう曲ではないにしても、珍品として記しておく。もう一曲アリア「愛の星」がメトロポリタン歌劇場の大ソプラノだったジェラルディン・ファーラーの歌唱で録音されている。ＣＤにはクライスラーのオブリガート入りと表記されているが、そのような音は聴こえない。

**◆ジョルジュ・エネスコ**（1881～1955）

**◎ヴァイオリン・ソナタ第三番イ短調『ルーマニアの民俗様式で』　セリニ・シャイエ＝リシェ（Ｐ）（1950？）**

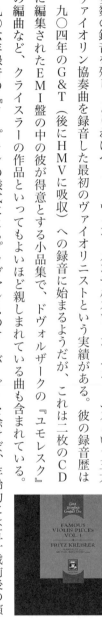

〈Ｏｐｕｓ蔵〉

作曲家であり、ヴァイオリニストであり、指揮者でもあったエネスコ（エネスク）のこの曲は、ヴァイオリン・ソナタとはいえ、内容は民俗音楽色が強く、厳格な古典派様式のソナタではない。比較的晩年になってからの録音であり、エネスコはジプシー・ヴァイオリン的な奏法を巧みにこなしており、自作であるだけにこの曲の規範になる演奏といえるだろう。この録音と同じ頃エネスコは、バッハの「無伴奏ヴァイオリン・ソナタとパルティータ」全曲を録音しているが、それに比べると少なくとも演奏技術的な問題は少ない。

## ◆パウル・ヒンデミット（１８９５〜１９６３）

◎白鳥を焼く男　アーサー・フィードラー・シンフォニエッタ（１９３９）〈Ｂｉｄｄｕｌｐｈ〉
ヒンデミットはヴァイオリニスト、ヴィオリスト、そして新即物主義の作曲家としても活躍、作品もきわめて多い。調性を否定したそれらの作品は必ずしも親しみ易いとはいえないが、一九三五年に作曲されたこの曲は、古い民謡を題材にしたヴィオラ協奏曲として知られる。『白鳥を焼く男』という題名は第三楽章で用いられた民謡の曲名である。演奏はヴィオリスト、ヒンデミットの技巧の限りを尽くした力強い妙技に感心させられる。

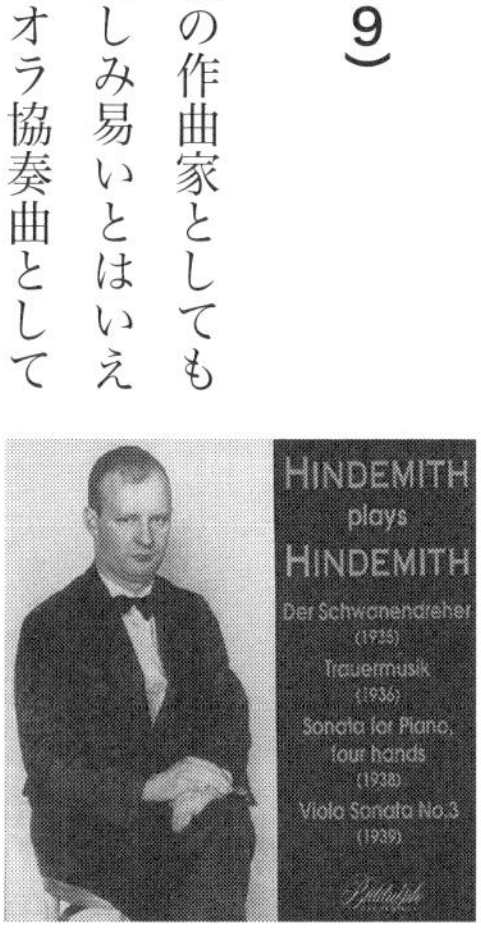


◎葬送音楽　ブルーノ・ライボルト指揮弦楽オーケストラ（１９３９）〈Ｂｉｄｄｕｌｐｈ〉
ヒンデミットは芸術的な純音楽以外にも、実用音楽や子供の教育用音楽の意義を提唱した。この曲はそのような音楽の一例で、一九三六年ロンドン滞在中に国王ジョージ五世の崩御に接し、バッハのコラール『われは汝の

御座の前に進む』をもとにして、ヴィオラと弦楽オーケストラによる協奏的な葬送音楽を書いた。必ずしもヴィルトゥオージティを要する曲ではないが、ヒンデミットの独奏ヴィオラは深い感動に溢れ、力強い低音がしみじみと語りかけてくる。

**◎ヴィオラ・ソナタ第三番 〈スス・マリア・サンロマ(P)(1939)〈Biddulph〉**

一九三九年の作品で、ヒンデミットの即物的な傾向が強く表れており、必然的に彼の演奏も機械的な要素が強い。プエルトリコ出身のサンロマとは、ヒンデミットが一九三七年初めてアメリカ・デビューした国会図書館での演奏会で知り合った。すぐに二人は気が合って、ヒンデミットの四手のためのピアノ・ソナタを共演した録音もあるほどである。演奏はヒンデミットの技巧が際立っており、サンロマもそれに付き合っている。

# 二．編曲第一部

## ◆バッハ：二台のチェンバロのための協奏曲第三番ハ短調BWV1062

◎J・S・バッハ編　カール・リヒター、ヘドヴィヒ・ビルグラム（Cem）、カール・リヒター指揮ミュンヘン・バッハ管弦楽団（1971）〈Archiv〉

バッハの一連のチェンバロ協奏曲は、いずれも彼が以前に書いた協奏曲からの編曲であると考えられている。この曲も原曲はケーテン時代の一七二〇年頃に作曲された二つのヴァイオリンのための協奏曲ＢＷＶ１０４３であり、チェンバロ協奏曲として編曲されたのは一七三六年で、バッハがライプツィヒで主宰していたコレギウム・ムジクムで演奏された。彼のチェンバロ協奏曲は、従来通奏低音として用いられていたこの楽器を、独奏楽器の地位に引き上げたことで歴史的な意味を持っている。リヒターの演奏は実に歯切れが良く、バッハの音楽を現代感覚で再現した生命力が横溢している。

## ◆バッハ：四台のチェンバロのための協奏曲イ短調BWV1065

◎J・S・バッハ編　カール・リヒター、ヘドヴィヒ・ビルグラム、イヴォナ・フュッテラー、ウルリケ・ショット（Cem）、カール・リヒター指揮ミュンヘン・バッハ・管弦楽団（1972）〈Archiv〉

一聴すれば分かるように、この曲はバッハの音楽とは明らかに様相を異にしている。というのも、原曲は一七一一年に出版されたヴィヴァルディの『調和の霊感』作品三の十「四つのヴァイオリンのための協奏曲」ロ短調である。それから二〇年ほど経てバッハはチェンバロ協奏曲に編曲して、自らの作品として発表したことになる。バッハがドイツに限らず、イタリアを含めてバロック音楽を集大成した作曲家であったことを見事に証明している。演奏はこれまた生気溢れるリヒターのリズミカルなチェンバロが全体をリードしており、実に気持ちが良い。

◆バッハ：オーボエとヴァイオリンのための二重協奏曲ニ短調BWV1060a

◎J・S・バッハ編　アルブレヒト・マイヤー（Ob）、ライナー・クスマウル（Vn）指揮ベルリン・バロック・ゾリステン（2002）〈Koch〉

この曲は二台のチェンバロ協奏曲BWV1060としても知られている。それはバッハのライプツィヒ時代の一七三〇年頃の作品であるが、オリジナル作品ではなく、近年その原曲はケーテン時代の一七一九年か二〇年に書かれた「オーボエとヴァイオリンのための二重協奏曲」であることが判明、原形に復元されて演奏されることが多い。日本では一九六二年に来日したオーボエのヘルムート・ヴィンシャーマン率いるドイツ・バッハゾリステンの演奏会で紹介され、バッハの音楽が決して博物館的な無味乾燥な音楽ではないことを始めて我々に教えてくれた。CDはバッハゾリステンが同年に録音した人間味豊かな演奏も忘れられないが、ここに記したCDは速めのテンポによる現代感覚に溢れ、この美しい曲の姿を明らかにしている。

◆バッハ：トッカータとフーガ ニ短調BWV565

◎レオポルド・ストコフスキー編　レオポルド・ストコフスキー指揮フィラデルフィア管弦楽団（1927）〈RCA〉

バッハのこの曲はストコフスキーの名前と共に不滅である。とりわけ日本のように未だパイプ・オルガンが少なかった時代において、この録音が持つ意味は絶大だった。ストコフスキーはオルガニストとして音楽家のキャリアを開始しただけに、オルガンの魅力を、

そして忘れられていたバッハの音楽の復活を願っていた。その実践の意味を込めてであろうか、ここには原曲の節度の枠を越えた華麗な世界が広がっている。後の人もこの曲のオーケストラ編曲を試みているが、未だにこれを凌ぐポピュラリティを獲得した例はない。ストコフスキーはこの曲を複数回録音しているが、その出発点としてこの録音の意義が薄れることはない。

**◎ユージン・オーマンディ編　ユージン・オーマンディ指揮フィラデルフィア管弦楽団（1971）〈RCA〉**

ストコフスキーの後を継いで、フィラデルフィア管の音楽監督になったオーマンディも積極的にバッハを取り上げた。しかし彼はストコフスキーの編曲ではなく、新たな編曲版を用いた。そこに前任者に対する対抗心があったのかも知れないが、契約上ストコフスキーの編曲を使用出来なかったという説もある。オーマンディの編曲はストコフスキーほどの厚化粧ではなく、各楽器の特長を生かしながら、もっぱらオーケストラを効果的に鳴らすことに専念している。

**◎ヘンリー・ウッド編　ニコラス・ブレイスウェイト指揮ロンドン・フィルハーモニー管弦楽団（1990）〈Lyritas〉**

一九二九年のロンドンのプロムナード・コンサートのために指揮者ウッド自身によって作られた編曲で、当初からストコフスキーの版よりも大きい編成のオーケストラで演奏することが意図されている。なるほど随所で打楽器によるダメを押すような響きなどが織り

込まれており、バッハの精神よりも演奏効果の追求という趣がある。

**◎スタニスラフ・スクロヴァチェフスキ編　スタニスラフ・スクロヴァチェフスキ指揮読売日本交響楽団（２００３）〈Ｄｅｎｏｎ〉**

これはスクロヴァチェフスキがミネアポリス管（現ミネソタ管）音楽監督であった一九六〇年代の編曲である。オルガン演奏にも通じていた彼は、オルガンの響きを意識した率直な響きを念頭に編曲したという。レナード・スラトキン指揮ＢＢＣ響の録音もあるが、編曲者自身の指揮によってそのような意図を率直に汲み取ることが出来る。

## ◆バッハ：幻想曲とフーガ ト短調『大フーガ』ＢＷＶ５４２

**◎レオポルド・ストコフスキー編曲　マティアス・バーメルト指揮ＢＢＣフィルハーモニック（２００４）〈Ｃｈａｎｄｏｓ〉**

「トッカータとフーガ」と同じく、一九二六年二月のストコフスキー指揮フィラデルフィア管のオール・バッハ・プロの演奏会で初演された。一九三四年ストコフスキーは「フーガ」のみをレコードに録音したものの、このバーメルト指揮の演奏が初の全曲録音であるらしい。いかにもストコフスキーらしい分厚いオーケストラ・サウンドが迫ってくる。

**◎ロイ・ハリス編曲　ユージン・オーマンディ指揮フィラデルフィア管弦楽団（１９７１）〈ＲＣＡ〉**

これまたオーマンディはバッハの演奏ではストコフスキーの編曲を使わず、別の編曲を用いている。このＣＤ

には他にルシアン・カイエ編の『主よ、人の望みの喜びよ』も収録されているが、ハリスの編曲が多く収録されている。これもその一曲で、ストコフスキー同様に「フーガ」の部分のみが録音されているのは興味深い。もちろん近代オーケストラの機能がフルに生かされている。

**◎ディミトリ・ミトロプーロス編　ディミトリ・ミトロプーロス指揮ウィーン・フィルハーモニー管弦楽団（1958）〈Festspieldokumente〉**

これはミトロプーロスが未だ出身地ギリシャで活躍していた一九二〇年代末頃の作品であるらしい。いかにも彼の鋭敏な感覚で捉えられた意欲的な編曲で、フル・オーケストラの効果を十分に意識している。CDはザルツブルク音楽祭のライヴ録音で、ウィーン・フィルがバッハのこのような編曲作品を演奏するのは珍しいのではなかろうか。しかも編曲者自身の引き締まった指揮だけに、貴重な記録と言えるだろう。

## ◆バッハ：パッサカリアとフーガ ハ短調BWV582

**◎レオポルド・ストコフスキー編　レオポルド・ストコフスキー指揮フィラデルフィア管弦楽団（1929）〈RCA〉**

ストコフスキー自身この曲を評してゴシック様式の大聖堂のようだと述べているが、まさに壮大な構築物に例えることが出来よう。彼特有の甘美なオーケストラの音を操って独自のバッハの世界を築いている。

**◎ユージン・オーマンディ編　ユージン・オーマンディ指揮フィラデルフィア管弦楽団（1971）〈RCA〉**

録音のせいか、音楽を大掴みに捉えるストコフスキーに対して、オーマンディは一つ一つの音を入念に意識しながらも、シンフォニック・バッハとしての魅力を浮かび上がらせている。ここではとりわけ弦楽器がたっぷりと歌い、流れの良い演奏になっている。

**◎オットリーノ・レスピーギ編　ピエール・モントゥー指揮サンフランシスコ交響楽団（1949）〈RCA〉**

これはトスカニーニのために一九三〇年に編曲された。しかし実際にこの曲と関わりが深かったのはモントゥーで、彼はしばしば演奏会で取り上げた。ロマン派、近代音楽の洗礼を受けたレスピーギのオーケストレーションの特長が際立っている。ここにはバッハのバロック音楽とは別の趣があり、低音部を生かした「パッサカリア」の部分は圧巻で、続く「フーガ」では弦の細やかな動きも加わって対位法的な音の動きの面白さを教えてくれる。モントゥーの力強い指揮ぶりも特筆される。

## ◆バッハ：無伴奏ヴァイオリン・ソナタとパルティータBWV1001～6

**◎ロベルト・シューマン編　ベンヤミン・シュミット（Vn）、リサ・スミルノヴァ（P）（1994）〈MDG〉**

シューマン編曲といっても、彼はヴァイオリンのパートに手を入れたのではなく、あくまでもピアノ伴奏を付け加える作業が主体になっている。それは偉大な大作曲家に対する敬意の表れであると同時に、それ以外に手を加える必要がなかったからに違いない。シューマン晩年のデュッセルドルフ時代の編曲で、作品番号を付けずに出版された。シュミットの演奏は特に個性的ではないし技巧をひけらかすこともないが、このような特殊な編曲作

品の演奏にはそれがふさわしい。

## ◆バッハ：シャコンヌ ニ短調

### ◎フェルッチョ・ブゾーニ編　フェルッチョ・ブゾーニ（P）（1914）〈Documents〉

ブゾーニはユダヤ系イタリア人ピアニストで、バッハなど多くの曲のピアノ編曲を残し、また楽譜の校訂でも知られる。「シャコンヌ」はもちろん無伴奏ヴァイオリン・パルティータ第二番BWV1004の第四曲である。無類のテクニシャンであったブゾーニが独自の音を加えて編曲した名高い作品で、演奏効果抜群のためにしばしば演奏される。ブゾーニ自身の演奏はピアノ・ロールへの録音であるが、この曲に関する限りいかにも自在な演奏で、ヴィルトゥオーソというよりも風格ある巨匠ぶりを発揮している。

### ◎レオポルド・ストコフスキー編　レオポルド・ストコフスキー指揮フィラデルフィア管弦楽団（1934）〈RCA〉

いかにもストコフスキーの編曲らしくオーケストラをたっぷりと鳴らした演奏で、木管楽器をフューチュアしたり、金管楽器で低音を強調したりしながら幅の広い表現を意図している。演奏もストコフスキーの指揮そのものでこってりとしており、ここにはもはや原曲の無伴奏ヴァイオリン曲としての面影はない。

### ◎斎藤秀雄編　小澤征爾指揮ボストン交響楽団（1990）〈PH〉

斎藤秀雄はサイトウ・キネン・オーケストラ設立の基盤となるオーケストラ、つまり桐朋学園オーケストラの育成者であるから、次に記すヴァルガ編を演奏しているチェロ・アンサンブル・サイトウともゆかりがあるが、この編曲の元になっているのはブゾーニ編曲のピアノ版である。小澤征爾の指揮によるボストン響の演奏はさすがに音に厚みがあり、いかにも荘重さに溢れている。

**◎ラースロ・ヴァルガ編　チェロ・アンサンブル・サイトウ（１９８４）〈ＰＨ〉**

桐朋学園の斎藤秀雄門下のチェリストたちによる演奏で、四部に分かれた二十三人のチェリストが参加している。ブゾーニによるピアノ独奏曲のように過剰な装飾はなく、シンプルなアンサンブルの中にバッハらしい和声進行が意図されているのが分かる。

## ◆バッハ：ゴルトベルク変奏曲ＢＷＶ９８８

**◎ドミトリー・シトコヴェツキー編　ドミトリー・シトコヴェツキー指揮紀尾井シンフォニエッタ東京（２０１５）〈ＭｅｉｓｔｅｒＭｕｓｉｃ〉**

通常チェンバロかピアノで演奏される曲である。シトコヴェツキーの編曲には弦楽合奏版と弦楽三重奏版の二種類の編曲があり、いずれの版にも数種類の録音がある。一九九〇年に編曲されたこの弦楽合奏版は、先に出来た弦楽三重奏版を元にしている。全曲弦楽合奏で押し通されるのではなく、変奏ごとに楽器編成が異なるなど、バラエティに富んでいるのが特徴である。シトコヴェツキー自らが指揮したこの演奏は、紀尾井シンフォニエッタ東京の高度なアンサンブルが発揮されており、聴き応え十分である。

## ◆バッハ：音楽の捧げ物BWV1079

### ◎イーゴリ・マルケヴィチ編　イーゴリ・マルケヴィチ指揮フランス国立放送管弦楽団（1956）〈Erato〉

バッハが一七四七年ポツダムのサンスーシー宮殿を訪れた際に、フリードリヒ大王から与えられたフーガの主題を基に、帰郷後一連の作品としてまとめてうやうやしく献呈したのがこの曲である。一部の曲では楽器の指定がなく、出版された楽譜の曲の配列もバッハの意図通りか定かではないが、フルートが含まれているのは自らこの楽器を吹いた大王のためとされる。マルケヴィチはこの曲を一九四九年から翌年にかけて編曲（リアライゼイション）してストラスブールの現代音楽祭で初演されたが、オーケストラは三つのグループと四重奏に分けられている。それによってフーガの対位法的な書法が明らかになり、音楽はダイナミックな立体感や色彩感が豊かなものになっている。ＣＤはモノーラル録音であるが、マルケヴィチの分析力鋭い指揮が彼の編曲の意図を明らかにしている。

### ◎カール・ミュンヒンガー編　カール・ミュンヒンガー指揮シュトゥットガルト室内管弦楽団（1976）〈Decca〉

これはミュンヒンガーの二度目の録音である。十年前の旧盤もミュンヒンガーの真摯な演奏が、バッハの骨っぽい音楽に対する筋を通した演奏だったが、ここでの表現は多分に柔軟さを加え、テンポの幅も大きくなっている。終曲の「六声のリチェルカーレ」もニュアンス豊かでバッハの音楽の奥の深さを実感させる。

## ◆バッハ：フーガの技法BWV1080

### ◎ヘルムート・ヴィンシャーマン編　カール・リステンパルト指揮ザール放送室内楽団（1964）〈Erato〉

未完に終わったバッハ最後の作品であるが、この大作について彼は楽器を指定しなかった。そのためにモダン楽器、ピリオド楽器を問わず、器楽合奏、弦楽四重奏、鍵盤楽器の独奏など様々な形の器楽曲として演奏される。それに対してこれは近年では珍しいヴィンシャーマンによる室内オーケストラ用の編曲版である。曲順の入れ替えはもちろん、曲によって弦楽合奏、木管合奏、チェンバロの三つの演奏形態が交互に用いられ、一般に楽しめるような工夫はさすがにヴィンシャーマンならではのものである。バッハに定評あるリステンパルトの指揮はドイツ風の渋い演奏であり、バッハに対する熱い思いを内に秘めている。その点でこの曲の演奏にふさわしい。ヴィンシャーマンが本業のオーボエ奏者として演奏に参加している。

### ◎ヴォルフガング・グレイザー編　カール・ミュンヒンガー指揮シュトゥットガルト室内管弦楽団（1965）〈Decca〉

これは弦楽オーケストラによって演奏されている。グレイザーの編曲は一九二一年から翌年にかけて作られ、二七年カール・シュトラウベの指揮によってライプツィヒの聖トマス教会で初演されている。同属の楽器によるアンサンブルであるだけに音色的に良く溶け合っており、色彩的な多様性には乏しいものの、それぞれのパートが絡み合うフーガの音の動きが良く分かる。ミュンヒンガーの指揮は多分に生真面目に傾くとはいえ、曲がバッハであるだけにその魅力を知るに不足はない。

## ◆バッハ：主よ、人の望みの喜びよ

### ◎マイラ・ヘス編　マイラ・ヘス（P）（1958）〈EMI〉

この曲の原曲はバッハのカンタータ第一四七番『心と口と行いと生活で』の最終曲のコラールで、ヘスの編曲によるピアノ独奏曲として広く知られている。彼女が一九三〇年頃の、とあるコンサートのアンコール曲として弾いたのが始まりだといわれる。ヘス自身の演奏はいかにも心のこもった温かな味わいが感じられる。

### ◎ヴィルヘルム・ケンプ編　ヴィルヘルム・ケンプ（P）（1953）〈London〉

ベートーヴェンを初めとするドイツ・ロマン派のピアノ曲を得意にしたケンプであるが、教会音楽家の出であるだけにバッハもよく弾いた。ヘスの親しみやすいバッハに対して、ケンプのバッハに対する姿勢は実に真摯で、ここにもそのような特質がよく表われている。

### ◎レオポルド・ストコフスキー編　レオポルド・ストコフスキー指揮彼の交響楽団（1950）〈RCA〉

オーケストラによるバッハとなれば、やはりストコフスキーを忘れてはなるまい。ことさら変わったところのない編曲であり、また演奏である。バッハの無垢な音楽をそのまま音にしており、オーボエのソロが印象的である。

### ◎アーサー・ハリス編　ユージン・オーマンディ指揮フィラデルフィア管弦楽団（1972）〈RCA〉

フィラデルフィア管弦楽団で短期間共同指揮者であったストコフスキーとオーマンディは同僚であり、またライヴァルでもあった。それだけにオーマンディがバッハの編曲作品を取り上げる時には、ストコフスキー以外の編曲で演奏することが多かったことは既に記した。オーマンディはこの曲の自らのオーケストラ編曲版を一九四一年に出版しているが、ここではハリス版で演奏している。短い曲であるが、ストコフスキー編曲と同様にオーボエ・ソロが重要な役割を果たしており、どこか田園情緒を思い浮かべさせる。

**◎ユージン・オーマンディ編　レナード・スラトキン指揮BBC交響楽団（2003）〈Chandos〉**

前述のようにこのスコアは一九四一年に出版されていたが、これが世界初録音であると言う。弦楽合奏用の作品で、オーマンディは手兵フィラデルフィア管で演奏するには物足りない編曲と考えていたのだろうか。この演奏はしっとりとした味わいが生かされている。

## ◆バッハ：G線上のアリア

**◎アウグスト・ヴィルヘルミ編　ナタン・ミルシテイン（Vn）、レオン・ポマーズ（P）（1957）〈EMI〉**

この原曲はバッハの管弦楽組曲第三番の第二曲であるが、十九世紀後半ドイツのヴァイオリニストであるヴィルヘルミが、ヴァイオリンの一番低いG線一本とピアノで弾くように編曲してから『G線上のアリア』として広く知られるようになった。現在ではチェロ、ヴィオラやフルートなど様々な楽器用に編曲されて演奏される。バッハを得意とするミルシテインだけに、ぴんと張った真摯で力強い中にも親しみ易さを感じさせる品位の高い演奏である。珠玉のような光を放っている。

## ◆ヘンデル：オラトリオ『メサイア』

**◎ヴォルフガング・アマデウス・モーツァルト編　チャールズ・マッケラス指揮オーストリア放送交響楽団・合唱団、**

**エディト・マティス（S）、ビルギット・フィニレ（A）、ペーター・シュライアー（T）、テオ・アダム（B）（1974）**
**〈Archiv〉**

『メサイア』は一七四二年ダブリンにおける慈善演奏で初演された後、主に歌劇場で演奏され、その都度会場の条件に合わせた編成がとられ、一八五九年ヘンデル没後百年記念祭では、四百六十名のオーケストラと二千七百五十六名のコーラスが起用されたこともある。モーツァルト編曲版は、ウィーンの音楽好きの貴族ゴットフリート・ファン・スヴィーテン男爵の依頼でドイツ語訳版に編曲されたもので、一七八九年ヨハン・エステルハージー伯爵の館で初演された。全体に時代を反映したオーケストレーションでリズムは引き締まり、構成も短縮されてオルガンは省かれている。演奏はマッケラスの的確な指揮に加え、ソリストが揃っていることで特筆される。Ｋ５７２の作品番号が付けられている。

**◎ユージン・グーセンス編　トマス・ビーチャム指揮ロイヤル・フィルハーモニー管弦楽団・合唱団、ジェニファー・ヴィヴィアン（S）、モニカ・シンクレア（A）、ジョン・ヴィッカーズ（T）、ジョルジョ・トッツィ（B）（1959）**
**〈RCA〉**

ビーチャムはこの曲の三度目の録音をするに当たって、名指揮者グーセンスに編曲を依頼した。モダン・オーケストラの機能をふんだんに取り入れた版で、トロンボーンやトライアングルまで派手に生かされ、「ハレルヤ・コーラス」ではシンバルまで用いられている。ビーチャムのいかにも巨匠風の指揮がこの版にふさわしい。ただしソリストはいささかオペラティックに傾く。

◆タルティーニ：ヴァイオリン・ソナタ　ト短調『悪魔のトリル』

◎リッカルド・ザンドナイ編　アンネ＝ゾフィー・ムター（Vn）、ジェイムズ・レヴァイン指揮ウィーン・フィルハーモニー管弦楽団（1992）〈DG〉

ヴェリズモ・オペラの作曲家による初期古典派のヴァイオリン・ソナタの近代オーケストラ用への編曲として珍しい。当然ながら厚化粧された作品になっており、原曲の趣からは離れている。その限りではムターとレヴァインはこの曲の本来の姿とは異なった側面を見事に描き出している。

◆モーツァルト：交響曲第三十五番ニ長調『ハフナー』、同第三十六番ハ長調『リンツ』同第四十一番ハ長調『ジュピター』

◎ヨハン・ネポムク・フンメル編　ウヴェ・グロッド（Fl）、フリーデマン・アイヒホルン（Vn）、マルティン・ルンメル（Vc）、ローランド・クリューガー（P）（2012）〈Naxos〉

フンメルはこの他にもモーツァルトの交響曲第三十八番『プラハ』などを室内楽編成に編曲しているが、いずれも彼が一八一九年からワイマールの宮廷楽長として活躍していた時代の作品である。あくまでもオーケストラ曲を意識させない編曲になっている。しかもピアノは伴奏ではなく、主役として活躍するのが特徴である。つまりピアノ四重奏版である。演奏自体はさほどの妙技を繰り広げているわけではないが、曲を味わうに不足はない。

◆モーツァルト：ヴァイオリンとヴィオラのための協奏交響曲変ホ長調

◎編曲者不明　ラルキブデッリ（1990）〈SONY〉

この編曲は一八〇七年に行われ、ウィーンの楽譜出版社シュタムベリア・ヒミカから出版された。ヴァイオリン、ヴィオラ、チェロそれぞれ二名の六人編成による室内楽版になっている。原曲のソロ・パートはもちろん、オーケストラの管楽部も弦楽六重奏の中に巧みに移し替えられた見事な編曲である。チェロのアンナー・ビルスマを中心にしたラルキブデッリはピリオド楽器のアンサンブルで、演奏はその特質を生かした個性が光るが、編曲本来の目的からはもう少しくつろいだ雰囲気があってよいのではなかろうか。

**◆モーツァルト：ピアノ協奏曲第十二番イ長調**

**◎W・A・モーツァルト編　アルフレッド・ブレンデル（P）、アルバン・ベルク四重奏団（1999）〈EMI〉**

故郷を離れて一七八一年ウィーンで独立した音楽家として活動を開始したモーツァルトは、翌年三曲のピアノ協奏曲を自ら主宰する予約演奏会のために作曲した。中でもその最初に当たるイ長調の協奏曲は、生き生きとした躍動感で親しまれている。モーツァルトはこれが広く演奏されるように、作曲後間もなく室内楽用の作品に編曲した。こうして生まれたのがピアノと弦楽四重奏のための版である。ピアノ・パートはそのままに、管楽器のパートはシンプルな形で弦楽器に委ねられている。ブレンデルはいつものように知的かつ端正な演奏で、アルバン・ベルク四重奏団と緊密なアンサンブルを繰り広げている。

**◆モーツァルト：ピアノ協奏曲第二十番ニ短調、同第二十五番ハ長調**

**◎ヨハン・ネポムク・フンメル編　白神典子（P）、ヘンリク・ヴィーゼ（Fl）、ペーター・クレメンテ（Vn）、ティ**

**ポール・ベーニ（Vc）（2003）〈BIS〉**

フンメルはモーツァルトの家に住み込んでピアノを学んだ名手として知られ、師の作曲技法にも十分に通じていた。こうして彼は一八三〇年代に音楽出版商ショットの求めに応じて、モーツァルトのピアノ協奏曲の中から七曲を室内楽用に編曲した。いずれもピアノ、フルート・ヴァイオリン、チェロの編成である。これはその中の二曲であるが、ピアノのソロ・パートは原曲そのままではなく、時代の好みに合わせて装飾を加えたロマンティックな色合いを強め、カデンツァも書かれた。白神のピアノは作品の内容に沿った軽やかな弾みをみせている。

### ◆モーツァルト：フルート協奏曲第二番ニ長調

**◎W・A・モーツァルト編　オーレル・ニコレ（Fl）、デイヴィッド・ジンマン指揮ロイヤル・コンセルトヘボウ管弦楽団（1978）〈PH〉**

モーツァルトは一七七八年の初め頃、滞在していたマンハイムの宮廷楽団の高名なフルーティストであるヨハン・ヴェントリングから改良されたフルートを教えられた。折から芸術愛好家であるオランダ人のド・ジャンを紹介され、彼からフルートのための協奏曲三曲と四重奏曲の作曲を依頼された。だが時間がなかったためか全部を書きあげることが出来ず、この協奏曲ニ長調も前年に書いたオーボエ協奏曲ハ長調を転用して間に合わせた。移調とそれに伴う若干の変更の他は同一で、今日ではどちらの楽器でも演奏される。ニコレは抜群の技術の持主で、それを生かした深い読みが音楽に奥行きを与えている。

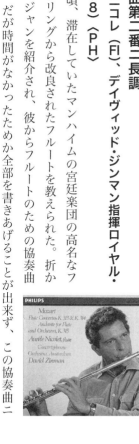

### ◆モーツァルト：ピアノ・ソナタ第十五番ハ長調、同第十八番ヘ長調

**◎エドヴァルド・グリーグ編　エリーザベト・レオンスカヤ、スヴャトスラフ・リヒテル（P）（1993）〈Teldec〉**

"初心者のための小ピアノ・ソナタ"と記されているように、モーツァルトが弟子のために書いた曲である。それから一世紀ほど経った一八七七年、グリーグは教師が低音部を弾いて弟子を指導するために四手連弾用に編曲した。モーツァルトが書いた音には手を加えておらず、簡明ながら音楽は清澄で愉悦感に溢れている。晩年のモーツァルトの作品らしい円熟味は失われていない。レオンスカヤは巨匠リヒテルとの二重奏のパートナーとして十分に息が合っており、二人によるスケールの大きな演奏を聴くことが出来る。

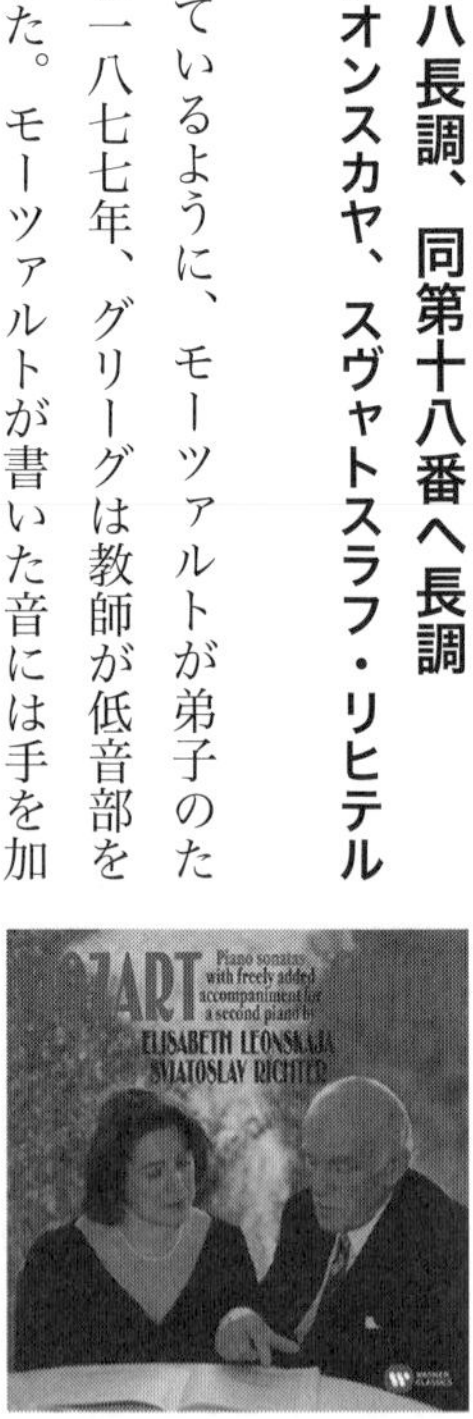


### ◆モーツァルト：レクイエム ニ短調

**◎フランツ・クサヴァー・ジュスマイヤー版　カール・ベーム指揮ウィーン・フィルハーモニー管弦楽団、ウィーン国立歌劇場合唱団、エディト・マティス（S）、ユリア・ハマリ（A）、ヴィエスワフ・オフマン（T）、カール・リッダーブッシュ（B）（1971）〈DG〉**

未完に終わった名曲であるだけに、後世の人たちは本来完成したであろう作品を想像しながら第八曲「ラクリモーサ」第八小節以降の未完の部分の構成・校訂を試みた。したがってこの曲でいう編曲とは厳密な意味での編曲ではなく、一般に流布しているジュスマイヤーが補筆した部分に対するクリティカルな校訂というのが正しい。その根底になっているこのジュスマイヤー版はモーツァルトの弟子として、死の床にあったモーツァルト自身の意向を汲んで補筆したといわれる。ベームの指揮はあくまでもオーソドックスで、版の問題を超越したバランス

のとれた演奏として、モーツァルトに対する愛情が溢れている。この曲のスタンダードな名演である。

**◎フランツ・バイヤー版　ニコラウス・アーノンクール指揮コンツェントゥス・ムジクス・ウィーン、アルノルト・シェーンベルク合唱団、クリスティーネ・シェーファー（S）、ベルナルダ・フィンク（A）、クルト・シュトライト（T）、ジェラルド・フィンレイ（B）（2003）〈RCA〉**

モーツァルトの『レクイエム』の校訂は近年になって盛んに行われ、多くの版が存在する。その主な版としてはまずバイヤー版があげられる。基本的にはジュスマイヤーのオーケストレーションの誤りを直すという視点から校訂が行われている。アーノンクールのこでの指揮は、手兵の古楽オーケストラであるCMWを率いた二度目の録音なので十分にこなれた演奏であるが、ウィーンの伝統にも配慮しながら質の高い成果を上げている。アーノンクールの先鋭な指揮に批判的な人も一聴の価値がある。A・シェーンベルク合唱団のコーラスは最初の録音のウィーン国立歌劇場合唱団よりも優れている。

**◎C・リチャード・F・モーンダー版　クリストファー・ホグウッド指揮エンシェント室内管弦楽団・合唱団、ウエストミンスター大聖堂少年合唱団、エマ・カークビー（S）、キャロライン・ワトキンソン（A）、アンソニー・ラルフ・ジョンソン（T）、デイヴィッド・トーマス（B）（1982）〈OL〉**

これもジュスマイヤー版の誤りを正すという立場に立つモーンダーだが、ジュスマイヤーの作曲あるいはオーケストレーションした部分をいったん削除し、「ラクリモーサ」の後半を書き直した上、さらに新発見の「アーメン・フーガ」を付け加えたりしている。他にもジュスマイヤーの創作と考えられる「サンクトゥス」と「ベネディクトゥス」を全面的にカットするなどした。ホグウッドは古楽の学究的な観点に立ちながらもアゴーギクを強調することはなく、スマートな音楽を作っている。カークビーの清楚なソプラノなど女声ソリスト陣もモーツァルトにふさわしい好唱である。

**◎ロビンス・ランドン版　ロイ・グッドマン指揮ハノーファー・バンド&合唱団、グンドゥラ・ヤノヴィッツ（S）、ルリア・ベルンハイマー（A）、マーティン・ヒル（T）、デイヴィッド・トーマス（B）（1989）〈Nimbus〉**

ランドンは基本的にジュスマイヤーの編曲を支持する立場から、オーケストレーションに若干の改編の手を加えた。それによってジュスマイヤー版が再認識される契機となった。本書で取り上げたベーム以外のCDは、古楽器オーケストラかその奏法を取り入れた演奏が多いが、これも近年の時代の流れを反映したものだと言えるだろう。ただこのCDのハノーファー・バンドの演奏はアンサンブルがやや粗い。

**◎ロバート・レヴィン版　チャールズ・マッケラス指揮スコティッシュ室内管弦楽団・合唱団、スーザン・グリットン（S）、キャサリン・ウィン=ロジャース（A）、ティモシー・ロビンソン（T）、ペーター・ローズ（B）（2002）〈LINN〉**

新発見の草稿を加えながら、オーケストラの弦楽器の旋律などに新しい試みが取り入れられており、楽器の使用法などにも従来の版に大きな手が加えられている。巨匠マッケラスは古楽で得た知見をモダン・オーケストラに生かした筋の通った指揮であり、独特の魅力を生み出している。

◎ペーター・リヒテンタール編　クイケン弦楽四重奏団（2003）〈Challenge〉

リヒテンタールはモーツァルトと同時代に生きたアマチュア音楽家で、この編曲はジュスマイヤー版を基礎において、声楽パートも含めて弦楽四重奏曲に移し替えられている。ヴァイオリンとチェロのシギスヴァルト＆ヴィーラント・クイケン兄弟を中心にした弦楽四重奏の演奏は、古楽器の持ち味を生かしながらも落ち着いた雰囲気を持ち、その緻密なアンサンブルによってこの曲の骨組と音の構造を明らかにしている。

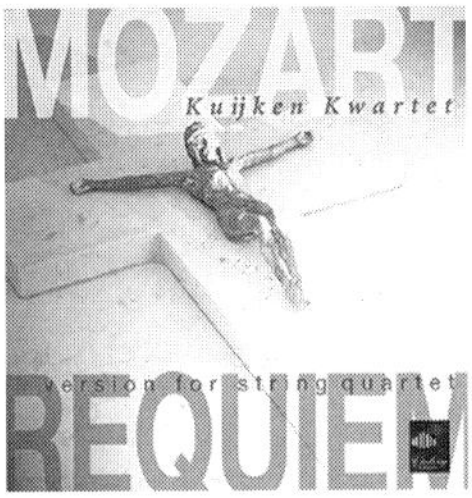


## ◆ベートーヴェン：交響曲第二番ニ長調

◎ルートヴィヒ・ヴァン・ベートーヴェン編　イザベル・ファウスト（Vn）、ジャン＝ギアン・ケラス（Vc）、アレクサンドル・メルニコフ（fp）（2020）〈HMF〉

この曲が作曲された十九世紀初頭では、大編成の交響曲は室内楽に編曲されて演奏されることが広く行われていた。ベートーヴェンの交響曲第二番は彼自身で室内楽への編曲を考えたが、実際には弟子のフェルディナント・リースが、殆どその作業に当たってピアノ三重奏の形にまとめられた。そしてベートーヴェンが最終的な手を加えて曲は完成し、一八〇五年に出版された。主にヴァイオリンはメロディを、チェロは低音部を、そしてピアノはその間の内声部を埋める。演奏には弦楽器がオーセンティックな楽器、そしてフォルテピアノはそのレプリカが使われているので、その古雅な響きは交響曲のただ室内楽編曲版ではなく、新たな曲を聴くような新鮮さがある。しかも名手の集まりだけに、それぞれの個性によるダイナミックな表現が面白い効果を上げている。

◆ベートーヴェン：交響曲第五番ハ短調『運命』

◎フランツ・リスト編　グレン・グールド（P）（1967）〈SONY〉

今でこそ主にリストの編曲によって、ベートーヴェンの交響曲をピアノで演奏される例は珍しくなく、全九曲のピアノ演奏盤はシプリアン・カツァリスをはじめとして、複数リリースされているが、このグールド盤発売当時は比較的珍しい試みであった。リストによる第五番『運命』と第六番『田園』のピアノ独奏版は、彼が一八三七年の夏、ノアにあるジョルジュ・サンドの別荘に滞在中に書かれた。演奏はグールド独自のアゴーギクやアーティキュレーションが際立ち、彼のバッハやモーツァルトに通ずるところがある。

◆ベートーヴェン：交響曲第六番ヘ長調『田園』

◎ミヒャエル・ゴットハルト・フィッシャー編　ケルン弦楽六重奏団（2003）〈Avi〉

フィッシャーはベートーヴェンと同時代の人であるが、二人の交流はなかった。ベートーヴェン中期の交響曲はフンメルによっても室内楽用に編曲されているが、フィッシャーの編曲は弦楽六重奏用で、特に木管楽器が六つの弦のパートで効果的に扱われている。一九九七年に結成されたケルン弦楽六重奏団は、ヴァイオリン、ヴィオラ、チェロ各二名で構成されて中低音部が充実しており、その現代感覚溢れる演奏はオーケストラを彷彿とさせる。

◎ゼルマール・バッゲ編　マルタ・アルゲリッチ、テオドシア・ヌトコウ（P）（2020）〈Warner〉

『田園交響曲』のピアノ曲への編曲は、シューベルトの八手用、ツェルニーの四手用、リストの超難曲の独奏用などが知られているが、この四手ピアノ用への編曲は十九世紀後半にドイツで作曲家、オルガニスト、音楽学者、音楽ジャーナリストなど多面的に活躍したバッゲによって行われた。ベートーヴェン、シューマンなどに深く傾倒していた彼は、この編曲もそのようなドイツ・ロマン派の伝統に則っている。録音はベートーヴェン生誕二五〇年を記念したもので、アルゲリッチとその弟子であるヌトコウによる演奏は、リズミカルな弾みを持っているのが素晴らしい。それに加えてテンポの取り方など、オーケストラとは微妙に異なる表情はいかにもピアノ曲にふさわしい。

**◆ベートーヴェン：交響曲第九番ニ短調『合唱』**

**◎リヒャルト・ワーグナー編　小川典子（P）、鈴木雅明指揮バッハ・コレギウム・ジャパン合唱団、肥田芳江（S）、穴澤ゆう子（A）、桜田亮（T）、浦野智行（B）（1998）〈BIS〉**

一八三〇年にワーグナーによって編曲されたこの『第九』であるが、彼はピアニストではなかったためか、必ずしもリストの編曲のようにピアノ曲としては技巧的にスムーズには行かないようで、音階の飛躍が多い超難曲になっている。小川典子のピアノはダイナミックな躍動感があるが、第四楽章になると小編成コーラスとはいえ声楽部に押され気味で、どこかピアノ伴奏でオペラを聴くような様相となる。その点を予め承知して聴くならば、興味ある演奏といえるだろう。

**◎フランツ・リスト編　レオン・マッコーリー、アシュリー・ウェイス（P）（2007）〈Naxos〉**

リストは一八三七年から六四年にかけてベートーヴェンの全交響曲をピアノのために編曲した。翌六五年に出版されると、ピアノの弟子でワーグナー指揮者としても知られるハンス・フォン・ビューローに捧げた。第一番から第八番までは独奏ピアノ用であるが、さすがに声楽を伴う大編成の第九番『合唱』になると、二台のピアノ用に編曲された。作品はすでに一八五一年に完成しており、五五年ブラームスの二十二歳の誕生日に、クララ・シューマンとブラームスの二人によって演奏されている。マッコーリーとウェイスのデュオは洪水のような音の中で奮闘している。

**◆ベートーヴェン：ピアノ協奏曲第一番ハ長調、同第二番変ロ長調**

**◎ウリ・シュナイダー編　白神典子（P）、ブレーメン弦楽ゾリステン（2000）〈BIS〉**

ベートーヴェンはもとより、古典派ないしはロマン派初期の時代は、オーケストラ作品がオリジナルの形のままで演奏される機会は少なく、サロン音楽に編曲されて演奏されることが多かった。このピアノ協奏曲の室内楽版は、そのような時代を意識して近年新たに編曲されたものである。おそらくこのCD録音のために編曲されたのではなかろうか。白神典子はソリスト・タイプというよりも、誠実に作品に向かい合っており、このような内容の曲のピアニストとして共演の実を上げている。弦楽部は通常の弦楽四重奏にコントラバスが加わっている。

**◆ベートーヴェン：ピアノ協奏曲第四番ト長調**

**◎ヴィンツェンツ・ラハナー編　シー・シャン・ウォン（P）、ジェモー四重奏団、シモン・マルチニャク（Cb）（2013）〈RCA〉**

ベートーヴェンにとって創作意欲溢れる一八〇七年に初演された曲であるが、この室内楽編曲版はシューベルトとも親交があった作曲家兼指揮者ラハナーによるものである。ただしこの録音のピアノ・パートはそれに先立つ一八〇七年の初演直後、ロブコヴィッツ公の宮廷ヴァイオリニストであるフランツ・アレクサンドル・ペッシンガーが、同公邸のサロンで室内楽として演奏した際に編曲したものが使われている。すでに中堅としての地位を確立したウォンと、古楽の影響を受けたジェモー四重奏団の演奏は新鮮である。

### ◆ベートーヴェン：ピアノ協奏曲（第六番）ニ長調

**◎ルートヴィヒ・ヴァン・ベートーヴェン編　ピーター・ゼルキン（P）、小澤征爾指揮**
**ニュー・フィルハーモニア管弦楽団、（1968）〈RCA〉**

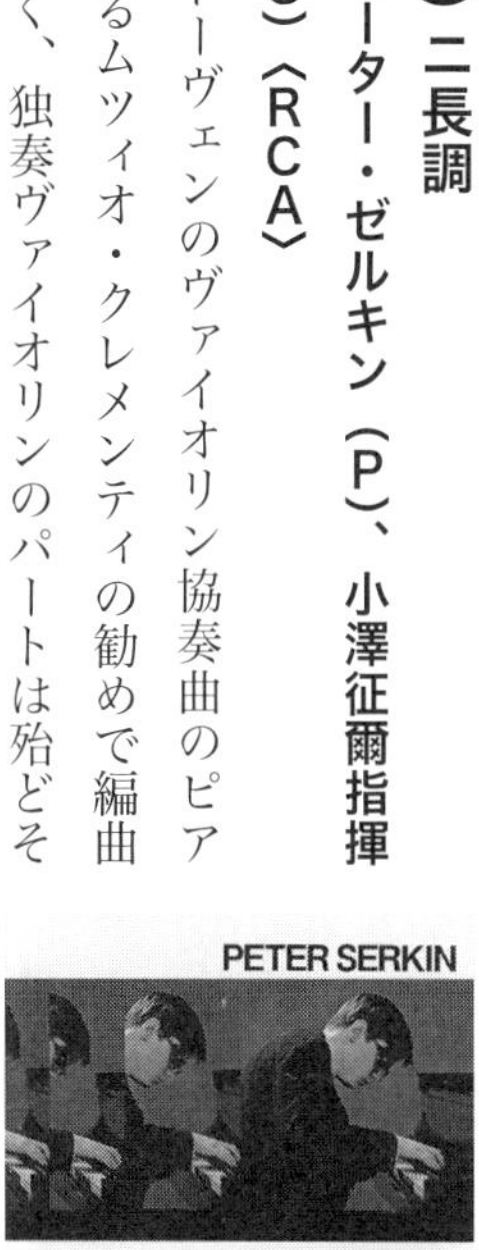


俗にピアノ協奏曲第六番と呼ばれるが、ベートーヴェンのヴァイオリン協奏曲のピアノ協奏曲への編曲作品である。名ピアニストであるムツィオ・クレメンティの勧めで編曲が行われ、オーケストラ・パートに特に変更はなく、独奏ヴァイオリンのパートは殆どそのままピアノの右手パートに移行された。ただ実際に独奏パートを書き換えたのはベートーヴェン本人であるか、あるいは別人かは定かではないが、少なくともヴァイオリン協奏曲にはなかったカデンツァは、ベートーヴェン自身が書き下ろしたものである。小澤もゼルキンも若き日の演奏で、小澤の力の入った指揮に対して、ピアノのゼルキンは透明度の高い美しい音で応えている。

### ◆ベートーヴェン：ピアノ、ヴァイオリン、チェロのための三重協奏曲ハ長調

◎カール・ライネッケ編　ギドン・クレーメル（Vn）、ギャドレ・ディルヴァナウスカイテ（Vc）、ゲオルギス・オソキンス（P）（2019）〈Accentus〉

ライネッケがこの編曲を行ったのは初演から五十八年後の一八六六年である。三重奏のソロ・パートに加えて、オーケストラ・パートも三人の奏者に振り分けられており、結果としてピアノがリードする形の三重奏になっている。しかし演奏はクレーメルの存在が圧倒的に大きく、音楽上の解釈は彼によって牽引されている。ただし彼の妻であるディルヴァナウスカイテのチェロ、カメラータ・バルティカの常連客演メンバーであるオソキンスのピアノが加わったトリオとしては、いささか物足りなさが残る演奏である。

◆ベートーヴェン：七重奏曲変ホ長調

◎ルートヴィヒ・ヴァン・ベートーヴェン編　カール・ライスター（Cl）、ヴォルフガング・ベッチャー（Vc）、エッカルト・ベッシュ（P）（1971）〈Archiv〉

ベートーヴェンが一八〇〇年に作曲した管楽器と弦楽器による七重奏曲は、交響曲第一番と一緒に公開初演されて好評を博した。当時流行っていたセレナードやディヴェルティメントのような娯楽音楽に近い性格を持っていたからであろう。発表直後から多くの作曲家によって様々な編曲が行われ、ベートーヴェンも一八〇二年から翌年にかけて自身でも三重奏曲に編曲して、この曲のさらなる普及を目論んだ。クラリネットのパートはヴァイオリンで弾いてもよいことになっている。クラリネットとチェロにベルリン・フィルの名手を起用した演奏は、これ以上を望むのは不可能であろう。

**◆ベートーヴェン：弦楽四重奏曲第十一番ヘ短調『セリオーソ』**

**◎グスタフ・マーラー編　クリストフ・フォン・ドホナーニ指揮ウィーン・フィルハーモニー管弦楽団（1995）〈Decca〉**

マーラーは他の作曲家の作品の編曲を何曲も試みている。それは主に自分が指揮する演奏会のためである。この曲も同様で、一八九九年一月ウィーン・フィルの演奏会で演奏された。編曲の目的は作品の演奏効果を高めるためであり、シンフォニックな構成が強調されている。そのために弦四部にコントラバスを加えて低音を補強し、音には厚みが増している。ドホナーニの指揮も原曲の真摯な姿を超えて、オーケストラの力強さを強調している。

**◆ベートーヴェン：弦楽四重奏曲第十四番嬰ハ短調**

**◎ディミトリ・ミトロプーロス編　アンドレ・プレヴィン指揮ウィーン・フィルハーモニー管弦楽団（1999）〈DG〉**

ベートーヴェンの弦楽四重奏曲を大編成の弦楽オーケストラで最初に演奏したのは、歴史上の大指揮者ハンス・フォン・ビューローだといわれる。それは一八八二年マイニンゲンで、曲は「大フーガ」である。そのような例は前記のマーラーの第十一番『セリオーソ』にもみられるが、さらにワインガルトナー、トスカニーニ、フルトヴェングラーなどによって引き継がれ、一九三七年ミトロプーロスは、ボストン交響楽団に客演した際にこの編曲を演奏した。これも基本的には低音のチェロ・パートを随所でコントラバスが補強したものだが、それによって作品の表現力は大幅に拡大されている。プレヴィンが指揮するウィーン・フィル特有のまろやかな響きが、編曲作品の魅力を最大限に生かしている。

◆ベートーヴェン：大フーガ変ロ長調

◎ルートヴィヒ・ヴァン・ベートーヴェン編　トレンクナー＆シュパイデル・ピアノ・デュオ（P）（2013）〈MDG〉

この曲は当初ベートーヴェンの弦楽四重奏曲第十三番の終楽章として作曲されたが、後に独立した曲となったものである。その後ベートーヴェンは個人的な知り合いである作曲家兼ピアニストのアントン・ハルムの依頼によって、四手連弾用に編曲した。弦楽器をピアノ編曲で演奏すること自体さして難しいことではないかも知れないが、これはバッハ以来の伝統のフーガであり、その姿を明らかにしていることで意義深い。ピアノ編曲の自筆譜は長らく行方不明だったが、百十五年ぶりに二〇〇五年アメリカで発見された。トレンクナー＆シュパイデルのデュオは、十分に期待に応えた演奏になっている。

◆ベートーヴェン：ピアノ・ソナタ第二十九番変ロ長調『ハンマークラヴィーア』

◎フェリックス・ワインガルトナー編　フェリックス・ワインガルトナー指揮ロイヤル・フィルハーモニー管弦楽団（1930）〈Arts〉

ベートーヴェンを得意とし、世界で最初のその交響曲全曲録音を完成させた大指揮者ワインガルトナーの代表的な作品の一つである。オーケストラ版で聴くと、原曲のピアノ・ソナタに比べて必ずしも音楽そのものの本質が変わっている訳ではないが、幅の広い音量、ニュアンス豊かな音色によって、別の作品になっている。ことに第三楽章の弦楽器のなだらかな動きなどは、ピアノ独奏からは想像出来ないものである。編曲という域を越えて新たな作品の創作と言えるのではなかろうか。この録音は自作自演としての価値がある。

◆ベートーヴェン：ヴァイオリン・ソナタ第九番イ長調『クロイツェル』
◎カール・ツェルニー、他編　シプリアン・カツァリス（P）（2019）（PIANO21）
第二楽章はツェルニーの編曲であるが、第一、第三楽章の編曲者は不明で、ツェルニー、ディアベッリ、クラインハインツの三人の中の誰かの編曲であろうと言われる。ヴァイオリンのパートが明確に浮かび上がっており、しかもピアノ曲として十分に楽しむことが出来る。それにこの演奏では超絶技巧の持主であるカツァリスのピアノが大いに寄与している。

◆パガニーニ：無窮動
◎フレデリック・ストック編　ジャン・マルティノン指揮シカゴ交響曲（1966）〈RCA〉
原曲は一八一二年頃に書かれた独奏ヴァイオリンとオーケストラのための作品である。オーケストラ・パートは彼の協奏曲同様何の変哲もないので、現在ではピアノ伴奏で演奏される機会が多い。短い演奏時間の曲ながら、独奏ヴァイオリンが一ヶ所を除いてすべて十六分音符で書かれている超難曲として知られる。これはそのソロ・パートを含めてフル・オーケストラで演奏しているので、原曲を遥かに上回る面白さがある。編曲者のストックはシカゴ響の第二代指揮者で、アンコール曲として演奏効果抜群だったに違いない。マルティノンの指揮もオーケストラの機能を万全に発揮させている。

◆シューベルト：弦楽四重奏曲第十四番ニ短調『死と乙女』
◎アンディ・スタイン編　ジョアン・ファレッタ指揮バッファロー・フィルハーモニー管弦楽団（2007）〈Naxos〉
弦楽四重奏曲のフル編成オーケストラへの編曲である。編曲者スタインはサクソフォン奏者で、かつヴァイオリンも弾いた現代アメリカの作曲家である。この編曲はシューベルトの後期交響曲の例に倣って木管楽器が活躍するにとどまらず、四本のホルンの他にトランペットなど金管楽器も重視されている。しかも冒頭の主題などではティンパニの活躍もみられ、作品のスケールはいささかシューベルトの枠を超えたところがある。ファレッタの指揮も大編成オーケストラの交響曲であることを強調している。

**◎グスタフ・マーラー編　水戸室内管弦楽団（1993）〈SONY〉**

スタイン版がフル・オーケストラ用の編曲であるのに対して、マーラーの編曲は弦楽オーケストラ用である。彼が指揮者を務めていたハンブルク歌劇場時代の編曲で、歌劇場オーケストラの定期演奏会で初演された。それは必ずしも好評で迎えられた訳ではないが、マーラーはこの曲が弦楽合奏によってシューベルトの意図をより明確にすることが出来ると信じていた、と校訂者ミッチェルは述べている。演奏は優れたアンサンブルが魅力的で、この曲のドラマティックな性格を見事に表現している。

## ◆シューベルト：アルペジオーネ・ソナタ イ短調

**◎ガスパール・カサド編　ガスパール・カサド（Vc）、ヨネル・ペルレア指揮ウィーン交響楽団（1956）〈VOX〉**

”アルペジオーネ協奏曲“と呼ばれるほど有名なカサドの編曲版である。彼は殆ど忘れられていたアルペジオーネ・ソナタのピアノ・パートが、オーケスラ向きであることに着目して協奏曲の形に編曲し、カデンツァも挿入した。この形での初演は一九二八年ウィー

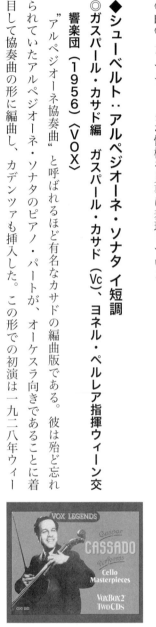

ンで行われ、その直後にハミルトン・ハーティ指揮ハレ管弦楽団とレコード録音しているが、これは二度目の録音である。艶やかなたっぷりとした音でよく歌うカサドのチェロが冴えており、巨匠らしい風格も十分である。

**◆シューベルト：アヴェ・マリア**

**◎アウグスト・ヴィルヘルミ〜ヤッシャ・ハイフェッツ編　ヤッシャ・ハイフェッツ（Vn）、エマニュエル・ベイ（P）（1950頃）〈RCA〉**

これは古今の『アヴェ・マリア』の中でも最も有名な曲で、シューベルトが一八二五年に作曲した歌曲『三つのエレンの歌』の第三曲にあたる。この録音はヴィルヘルミの技巧を駆使した編曲を基本に、さらにハイフェッツ自身が手を加えた編曲で演奏されている。モノーラルながらハイフェッツ全盛期の録音であり、ただ甘美に歌うだけではなく、張りつめた逞しさが歌曲とは違う魅力を表現している。

**◆シューベルト：《大作曲家編曲による名歌曲集》**

**◎フランツ・リスト、ヨハネス・ブラームス、エクトル・ベルリオーズ、マックス・レーガー、フェリックス・モットル、他編　ヘルマン・プライ（Br）、ガリー・ベルティーニ指揮ミュンヘン・フィルハーモニー管弦楽団、ウィーン交響楽団（1977、1978）〈RCA〉**

全部で二十二曲収録されおり、編曲者も冒頭に記した以外にもブリテン、ウェーベルンなどの名がある。中でも『魔王』には二種類の編曲があり、シンフォニックなリストの編曲と、弦のリズムや打楽器を生かしたベルリオーズの編曲を聴き比べられるのが楽しい。『御者クロノスに』、『メムノン』など四曲のブラームスの編曲は、神経の通った落ち着きがある。オッフェンバック編曲の『セレナード』

は実に流麗である。レーガーやモットルはいかにもオーソドックスな伴奏であり、他にブリテン編曲の『ます』は愛らしく、『道しるべ』を編曲したウェーベルンも伝統的なウィーンから乖離することはなく、それでいて新鮮である。プライの親しみ易い歌唱もこのような企画には最適である。

### ◆ベルリオーズ：幻想交響曲

**◎フランツ・リスト編　レスリー・ハワード（P）（1990）〈Hyperion〉**

リストはベートーヴェンの交響曲のような大曲を独奏ピアノ用に編曲したことで知られるが、ベルリオーズの幻想交響曲を独奏ピアノのために編曲した最初の作曲家とされる。一八三三年の編曲で、いかにもリストらしい様々なテクニックを駆使して作品の巨大さを強調している。でもオーケストラの色彩感とピアノの演奏効果とは差異があるのはいうまでもない。リストのピアノ編曲に挑むハワードの演奏はパワフルである。

### ◆ベルリオーズ：交響曲『イタリアのハロルド』

**◎フランツ・リスト編　フィリップ・デュークス（Va）、ピエール・レーン（P）（2012）〈Naxos〉**

一八三三年幻想交響曲の初演を聴いて感激したパガニーニは、新しく入手したストラディヴァリウスのヴィオラのために、ベルリオーズに作品を依頼した。だが出来上がった第一楽章を見たパガニーニは、ヴィオラの扱いに不満を述べた。そこでベルリオーズはパガニーニとは関係なく、翌年に独奏ヴィオラ付きの交響曲として『イタリアのハロルド』を完成させた。曲名はバイロンの長編叙情詩『チャイルド・ハロルドの巡礼』によっており、独奏ヴィオラがハロルドの主題を弾く標題音楽である。オーケストラ・パートをピアノに置き換えるリストの編曲は一八三六年に行われた。二人の演奏者は主にイギリスで活躍している中堅である。演奏は第四楽章を除いては地味で、特にヴィオラにはもう少し主張があっても良い。

◆ショパン：ピアノ協奏曲第一番ホ短調、同第二番へ短調

◎フレデリック・ショパン編　ディーナ・ヨッフェ（P）（2010、2013）〈NIFC〉

ショパンが自らピアノ・ソロ用に編曲した版である。自筆手稿は残されていないが、第二番へ短調はショパン死後の一八六五年から六六年の間にブライトコップ&ヘルテル社から出版され、第一番ホ短調は六五年から六八年の間にキストナー社から出版された。ヨッフェは、第一番はエラール（1838年製）、第二番はプレイエル（1848年製）のピリオド・ピアノを使い分けて弾いており、その微妙な音色の違いを聴き分ける興味がある。でもピアノ主体のショパンの曲とはいえ、オーケストラ抜きの協奏曲というのはやはり寂しい。改めて協奏曲におけるオーケストラの持つ意味を教えられる。ヨッフェは細部を大切にしながらも恰幅のよい弾きっぷりで、第一番は繊細さも十分で、第二番はショパンの音楽の骨太い面を表現している。

◆ショパン：ピアノ協奏曲第一番ホ短調

◎リヒャルト・ホフマン編　シー・シャン・ウォン（P）、ジェモー四重奏団、シモン・オルチニャク（Cb）（2013）〈RCA〉

この曲はショパン生存中から当時の慣例に従って、室内楽をバックに自身のピアノでサロンにおいて演奏していた。ただそれがショパン自身の編曲によるものかどうかは不明であり、楽譜も残されていない。この録音は作曲家であり教育者でもあったホフマンが一八七七年に編曲したピアノ五重奏版が用いられている。オーケストラ

の序奏部でピアノがアドリブ風に弦に加わるスタイルは当時としては珍しくなかった。オランダ生まれのウォンは至極まっとうなピアノであり、弦楽部を含めて全体は落ち着いた演奏である。

**◆ショパン：ピアノ協奏曲第一番ホ短調、同第二番ヘ短調**
**◎リヒャルト・ホフマン／イラン・ロゴフ編　オルガ・シェプス（P）、マティアス・フォレムニー指揮シュトゥットガルト室内楽団（2013）〈RCA〉**

第一番は前記のウォン盤に使われたホフマンが編曲した室内楽版を、弦楽オーケストラで演奏したものである。一方第二番は、現代のピアニストであるイラン・ロゴフが編曲した弦楽五重奏伴奏版が、これまた弦楽オーケストラによって演奏されている。シェプスはロシア生まれの若い女流ピアニストである。優れたテクニックの持主ながら力にまかせて弾きまくるようなことはなく、ショパンにふさわしい抒情性をたっぷりと漂わせている。弦楽オーケストラのバックという演奏効果を確かめるためにもふさわしい演奏である。

**◆リスト：交響詩『前奏曲』**
**◎フランツ・リスト編　マルタ・アルゲリッチ（P）、ダニエル・リヴェラ（P）（2010）〈EMI〉**

リストは他人の多くの作品をピアノ曲に編曲しているが、これは彼自身の代表曲の一つである交響詩『前奏曲』を、一八五六年に二台のピアノ用に編曲した作品である。ついでながら、さらに三年後に連弾曲にも編曲している。原曲は一八四五年に完成した男声合唱曲『四元素』の前奏部の主題を、独立したオーケストラ曲として完成させたもので、ラマ

ルティーヌの『詩的瞑想録』の一節に霊感を受けて、この標題が付けられた。CDはルガーノ音楽祭のライヴで、アルゲリッチとテクニシャンであるピアニストのリヴェラとがダイナミックな演奏を展開している。

### ◆リスト：ハンガリー狂詩曲集

**◎フランツ・リスト、アルバート・フランツ・ドップラー、ヨアヒム・ラフ、カール・ミュラー＝ベルクハウス編　アンタル・ドラティ指揮ロンドン交響楽団（1960）〈Mercury〉**

リストが書いた「ハンガリー狂詩曲」は全部で十八曲ある。いずれもピアノ独奏曲であるが、後にリストは弟子でありフルート奏者としても知られるドップラー、それにラフの協力を得て任意の六曲を選んで管弦楽用に編曲した。したがってピアノ独奏版とオーケストラ版とでは必ずしも番号が一致していなかった。例えば第二番は当初オーケストラ版では第四番として出版されたものの、ピアノ独奏曲では第二番として余りにも知られ過ぎているので、第四番と入れ替えてオーケストラ曲でも第二番とされた。今ではオーケストラ曲として広く演奏されるが、第二番にはこれらの版とは別にミュラー＝ベルクハウスの編曲があり、それはストコフスキー指揮の録音（RCA）などがある。このCDはリストと同郷のドラティの指揮であり、民俗的な雰囲気を漂わせている。

### ◆ワーグナー：楽劇『トリスタンとイゾルデ』～「前奏曲」と「イゾルデの愛の死」

**◎フランツ・リスト～ゾルタン・コチシュ編　ゾルタン・コチシュ（P）（1980）〈PH〉**

この二曲はオーケストラ演奏会でも続けて演奏されることが多い。リストはワーグナーの曲を数多くピアノ曲に編曲しているが、『トリスタン』の前奏曲はなかった。そこでコチシュは自らが弾くためにこの曲の編曲を行った。原曲の奥行きの深さを示すかのように

ゆったりとしたスケール感がある。一方ここで聴ける「イゾルデの愛の死」はリストの編曲で、ピアノの細かな動きはリストの超絶技巧の誇示につながっている。百年以上もの年月を経てまったく別個に作られた編曲であり、このCDのように続けて演奏されるに際しては、リストが「愛の死」に付け加えた四小節の序奏はカットされる。自らの演奏会でしばしばワーグナーのトランスクリプションをアンコールに取り上げるコチシュだけに、この録音でも作品に対する愛着が滲み出ている。もちろんテクニック的にも見事なものがある。

**◆ヴェルディ：カンタータ『諸国民の讃歌』**

**◎アルトゥーロ・トスカニーニ編　アルトゥーロ・トスカニーニ指揮NBC交響楽団、ウェストミンスター合唱団、ジャン・ピアース（T）（1943）〈RCA〉**

この曲は一八六二年のロンドン万国博覧会のために作曲され、第一次大戦中にはトスカニーニがミラノで演奏した。もともと曲の後半に英仏両国国歌の他に当時のイタリア国歌が織り込まれていたが、トスカニーニは第二次大戦中に演奏するに際し、連合国側に立って原曲の「イタリア、わが祖国」の歌詞を「イタリア、裏切った祖国」に変更、さらにソ連国歌「インターナショナル」とアメリカ国歌「星条旗よ永遠なれ」を追加した。CDの演奏はNBCの放送録音で、ヴェルディを尊敬したトスカニーニの熱意に圧倒される。

**◆ヴェルディ：弦楽四重奏曲ホ短調**

**◎アルトゥーロ・トスカニーニ編　アンドレ・プレヴィン指揮ウィーン・フィルハーモニー管弦楽団（1999）〈DG〉**

オペラに全精力を注ぎ込んだヴェルディが書いた唯一の弦楽四重奏曲である。彼は『アイーダ』上演の監修のために一八七二年末からナポリに滞在したが、出演者が病気のため長期延期された間にこの曲は作曲され、翌七三年四月一日にヴェルディがホテルで開いたパーティにおいて、歌劇場オーケストラの四人の弦楽器奏者によって初演された。そして一八七七年ケルンにおいて弦楽オーケストラによって初演されたことがあるが、その編曲者は不明である。この録音ではこの曲を好んだトスカニーニの編曲が用いられている。プレヴィン指揮の演奏はウィーン・フィルの弦を得て実に美しい。

### ◆ブルックナー：交響曲第三番ニ短調

**◎グスタフ・マーラー編　ピアノデュオ・ディーノ・セクイ&ゲルハルト・ホーファー（2010）〈東武〉**

セクイ&ホーファーのピアノ・デュオによるブルックナー交響曲全集の中の一曲である。全集の編曲者はマーラーの他にフェルディナント・レーヴェ、フランツ&ヨーゼフ・シャルク兄弟など、ブルックナーの弟子で信奉者でもあった人たちの手によっているが、第三番は一八七七年の改訂版を元にマーラーが編曲したもので、彼の最初の出版作となった。第三番はブルックナー様式が初めて確立された作品であるだけに、マーラーは後の自作の交響曲作曲の手本として感動の中に作業に当たった。CDの演奏は特別個性的ではないものの、ブルックナーに対する十分な敬意が払われた誠実さが伝わってくる。

### ◆ブルックナー：交響曲第七番ホ長調

**◎フランツ&ヨーゼフ・シャルク編　ピアノデュオ・ディーノ・セクイ&ゲルハルト・ホーファー（2006）〈東武〉**

シャルク兄弟やレーヴェは、ブルックナーの交響曲の校訂に度々顔を突っ込んだことは知られているが、それはもちろん師ブルックナーの作品の普及のための善意から出たものである。ところでこの第七番はブルックナー自身と初演指揮者ニキシュとの綿密な検討の上に、一八八四年にライプツィヒのゲヴァントハウス演奏会で初演された作品である。したがって、基本的には楽譜はこの時の版のみが存在している。セクイとホーファーのデュオは二〇〇八年から一九年まで、毎年リンツの旧大聖堂でブルックナーの交響曲全曲演奏に取り組んだが、その成果はこの曲でも見事に結実している。

### ◆ブルックナー：交響曲第九番ニ短調

**◎サマーレ・フィリップス・コールス・マッツーカ編　サイモン・ラトル指揮ベルリン・フィルハーモニー管弦楽団（2012）〈EMI〉**

ブルックナーは亡くなる当日までこの曲の完成への意欲を持ち続けていたが、第四楽章の再現部の途中で力尽き、それ以降の部分のスケッチは散逸してしまった。その後第四楽章の復元が試みられ、一九八四年にウィリアム・キャラガンによる全曲完成版が作られた。それとは別にニコラ・サマーレ、アラン・フィリップス、ベンヤミン・グンナー＝コールス、ジュゼッペ・マッツーカの四人のチームによって第四楽章の最終完成版（ＳＰＣＭ版）が二〇一二年に出来上がった。早速ラトルとベルリン・フィルが取り上げたのがこの録音で、その意気込みが伝わって来る。ベルリン・フィルの深々とした響きも素晴らしい。

### ◆Ｊ・シュトラウスII：『皇帝円舞曲』、ワルツ『南国のばら』、ワルツ『酒・女・歌』、『宝のワルツ』

**◎アルノルト・シェーンベルク、他編　ベルリン弦楽四重奏団、他（1989）〈Berlin〉**

第一次大戦終了後の一九一八年、辛辣な批評家を避けるために、シェーンベルクは先端的な作風の曲を中心にした私的なコンサートを開くようになった。一九二一年五月二七日の演奏会では、予定していた歌手が出演不能になったので、急遽ヨハン・シュトラウスの名曲をシェーンベルク、ベルク、ウェーベルンの三人が編曲、弦楽四重奏とピアノ、ハルモニウム主体の編成のアンサンブルで演奏した。このCDにはシェーンベルク編曲の『皇帝円舞曲』と『南国のばら』、ベルク編曲のワルツ『酒・女・歌』、ウェーベルン編曲の『宝のワルツ』が収録されている。ベルリン弦楽四重奏団の演奏は〝伝統とモダニズムのウィーン〟がミックスされた精緻さと軽妙さで光る。また『皇帝円舞曲』ではベルリン国立歌劇場管のフルートとクラリネットの名手が加わり、渋い味わいを添えている。

◆J・シュトラウスⅡ：トリッチ・トラッチ・ポルカ
◎ジョルジュ・シフラ編　ユジャ・ワン（P）（2011）〈DG〉

往年のリスト弾きとして知られたシフラの編曲であるだけに、単に原曲をそのままピアノに移し替えただけではない。原曲にはない序奏が付け加えられているのを初めとして、若干の改変がある。ユジャ・ワンの演奏はピチピチとした軽妙さに溢れて生きが良く、新世代のピアニストであることを物語っている。

◆ブラームス：ハンガリー舞曲全集
◎ヨハネス・ブラームス、アントニン・ハレン、ポール・ユオン、マルティン・シュメリンク、アントニン・ドヴォルザーク、他編　オトマール・スウィトナー指揮ベルリン国立管弦楽団（1989）〈Denon〉

ブラームスは未だ若かった二十歳の時にハンガリーのヴァイオリニスト、エドゥアルト・レメニーとハンガリー各地に楽旅してジプシー音楽に接した。そして一八六九年最初の十曲を第一巻としてピアノ連弾曲の形で出版、人気を博した。それを妬んだレメニーは著作権侵害で訴えたが、ブラームスの作品は編曲として決着がついた。さらに一八八〇年に第二巻として十一曲を発表した。ブラームスはそれらの中から第一番、第三番、第十番をオーケストラ用に編曲、さらにドヴォルザークも最後の五曲を編曲し、他の数人の作曲家も編曲に参加して全二十一曲の管弦楽曲版が完成した。ひときわ有名な第五番、第六番はシュメリンクの編曲である。スウィトナーの演奏はドイツ色が濃く、そして飾り気のない表現もブラームスの素朴なこれらの曲にマッチしている。

**◎ヨーゼフ・ヨアヒム編　アーロン・ロザンド（Vn）、ヒュー・スン（P）（1991）〈Biddulph〉**

名ヴァイオリニストのヨアヒムはブラームスの友人として、彼のヴァイオリン協奏曲の作曲に当たって助言し、この曲を献呈された。二人の関係は一時悪化したが、ヴァイオリンとチェロのための二重協奏曲の作曲を機に再び修復された。このハンガリー舞曲集のヴァイオリン版はヨアヒムが一八七一年に第一巻十曲を、さらに第二巻十一曲はブラームスの原曲出版の数年後に発表された。彼はハンガリー音楽のイディオムに通じていたヨアヒムの編曲を喜んでいたという。アメリカ生まれのローザンドであるが、ヨーロッパの伝統を受け継ぎ、十九世紀のロマン派音楽を得意にしていることはこの演奏でもよく分かる。

## ◆ブラームス：ピアノ協奏曲第三番ニ長調

**◎デヤン・ラツィック編　デヤン・ラツィック（P）　ロバート・スパーノ指揮アトランタ交響楽団（2009）**

〈Channel〉

これはヴァイオリン協奏曲のピアノ協奏曲への編曲である。クロアチア出身の若いピアニストであるラツィックの仕事ぶりは、いささか霊感に乏しいように思われる。というよりもブラームスの原曲そのものが余りにもヴァイオリン的で、他人の手による編曲という介入を受け付ける余地が少ないのかも知れない。それだけにラツィックが五年をかけた編曲の努力の成果は、もう少し先になって評価されるのではないだろうか。初演のライヴであるが、演奏はなかなかの力演である。カデンツァはラツィックの作である。

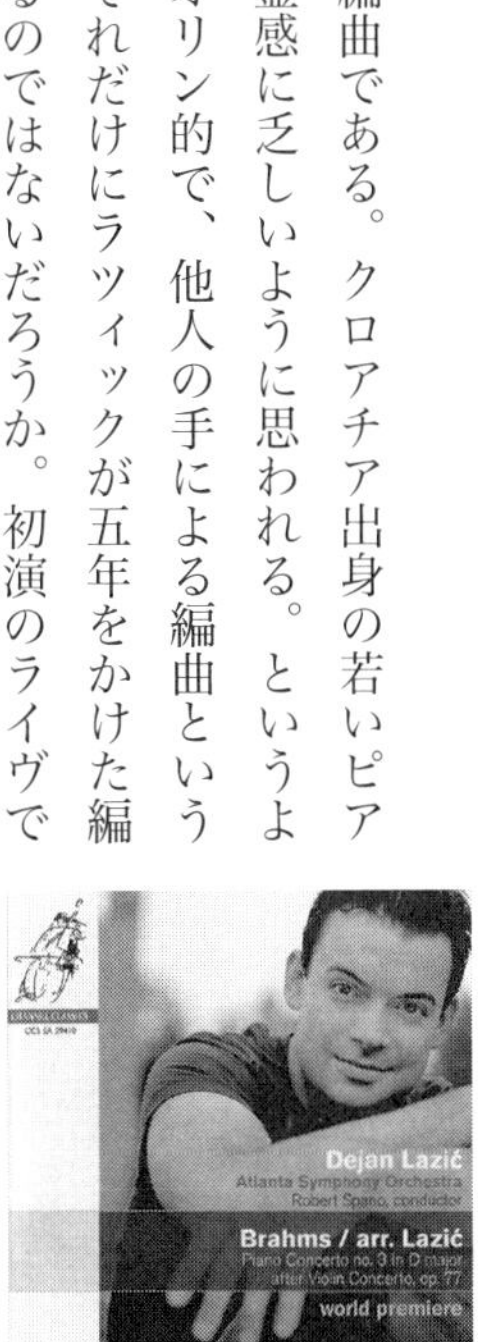


## ◆ブラームス：ピアノ四重奏曲第一番ト短調

**◎アルノルト・シェーンベルク編　サイモン・ラトル指揮ベルリン・フィルハーモニー管弦楽団（2009）〈EMI〉**

原曲は一八六一年十一月十六日ハンブルクで初演され、翌年十一月ウィーンに移り住んだブラームスは、この曲を弾いて同地にピアニスト・デビューを果たした。曲は四楽章から成る。シェーンベルクは指揮者オットー・クレンペラーの依頼によって、この曲を一九三七年オーケストラ用に編曲、翌年ロサンゼルスで初演された。シェーンベルクはブラームスの書法に忠実にオーケストレーションしたといい、もしブラームスが生きていたならばこのように編曲したであろうと語っていたそうだが、実際の編曲は原曲の和声はすっかり分解され、シェーンベルク独自の語法になっている。金管の活躍や打楽器の乱打もブラームス本来の手法とはかなり異なり、趣味の悪い編曲との批判もあるが、近年しばしば演奏される。ラトルはさすがに名人オーケストラを率いて、シェーンベルクの音楽として見事に表現している。それにしても第四楽章のジプシー風ロンドは生々しい。

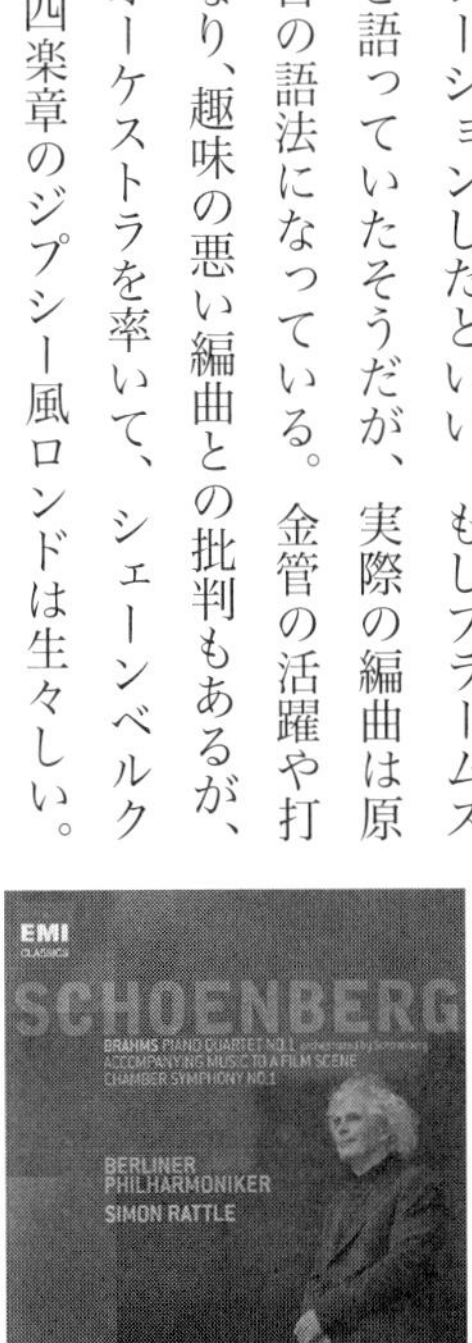

◆ブラームス：ワルツ『愛の歌』、同『新・愛の歌』

◎ヨハネス・ブラームス編　リッカルド・シャイー指揮ライプツィヒ・ゲヴァントハウス管弦楽団（2013）〈Decca〉

ウィーンのワルツに憧れていたブラームスは、一八六九年に十八曲から成るワルツ集『愛の歌』を、七四年には十五曲から成る『新・愛の歌』を作曲した。ピアノ連弾に混声四部の声楽部を持つが、ピアノの部分に声楽の旋律が含まれているので、声楽部は任意とされている。ブラームスは後にこれを自ら弾くためにピアノ独奏用に編曲、さらにオーケストラ用にも編曲の上、一八七〇年声楽入りで初演された。その後声楽部はカットされ、一九三八年ここに聴けるようなオーケストラ曲として出版された。シャイーの指揮による演奏は、ゲヴァントハウス管のドイツ的な響きの中にも新鮮な息吹がある。

◆ボロディン：ノクターン

◎マルコム・サージェント編　フェリックス・スラトキン指揮ハリウッドボウル交響楽団（1959）〈EMI〉

この曲はボロディンの弦楽四重奏曲第二番の第三楽章「ノットゥルノ」であるが、日本では英語の「ノクターン」という曲名で有名である。ロシア五人組の一人であるボロディンは二曲の弦楽四重奏曲を残したが、この第二番は比較的晩年の一八八五年に完成した。もちろんロシア的な性格が濃く、しかもこの第三楽章は特に静かで抒情的な性格が強い。オーケストラで演奏される際には、名指揮者サージェントによる色彩の豊かさを際立たせた編曲が用いられることが多い。この演奏もそのような路線に立った親しみ易さが本領である。

## ◆サン＝サーンス：交響詩『死の舞踏』

### ◎フランツ・リスト〜ウラディーミル・ホロヴィッツ編　ウラディーミル・ホロヴィッツ（P）（1942）〈RCA〉

ホロヴィッツはリストの技巧的な編曲でも物足りなかったのだろう。しばしばそれに自ら手を入れた版で弾いていた。それだけにこの交響詩でもオーケストラをただピアノ独奏に置き換えたのではなく、ホロヴィッツの演奏は自在なテンポの上に、カデンツァ風の装飾などをふんだんに盛り込み、名技性が最大限に発揮されている。

## ◆ムソルグスキー：組曲『展覧会の絵』

### ◎モーリス・ラヴェル編　リッカルド・ムーティ指揮フィラデルフィア管弦楽団（1978）〈EMI〉

この曲は本来一八七四年に作曲されたピアノ独奏曲である。オーケストラ編曲は以前からミハイル・トゥシュマロフ版やレオ・フンテク版などが存在していたが、一九二二年指揮者セルゲイ・クーセヴィツキーの委嘱によって、ラヴェルが新たに編曲したオーケストラ曲として演奏されると、一躍有名曲の仲間入りを果たした。当時原典版のピアノ譜が出版されていなかったので、ラヴェルは主にR＝コルサコフ校訂版を参考に編曲に当たったという。ムーティの指揮はいかにも明快で、力と輝きに満ちたフィラデルフィア管の能力をフルに発揮させている。

### ◎ルシアン・カイエ編　ユージン・オーマンディ指揮フィラデルフィア管弦楽団（1937）〈Documents〉

クーセヴィツキー指揮によるラヴェル編曲版『展覧会の絵』が評判になると、他の指揮者も競ってこれを演奏しようと考えた。ところがこの版はクーセヴィツキーが五年間の独占演奏権を持っていたので、フィラデルフィア管は団員のバス・クラリネット奏者カイエに編曲させて演奏した。管楽器奏者の編曲であるだけに管楽器がクローズアップされており、独特の効果を持っている。オーマンディの指揮はそつがなく、オーケストラをよく鳴らしている。後にオーマンディもラヴェル版で演奏している。

**◎レオポルド・ストコフスキー編　レオポルド・ストコフスキー指揮ニュー・フィルハーモニア管弦楽団（1965）〈Decca〉**

この編曲は一九三九年に行われた。この時にはもうラヴェルの編曲で演奏することが出来たが、ストコフスキーはあえて自らの編曲を用いて録音を残した。ここでは原曲中の二枚の絵に相当する部分がカットされている。なおストコフスキーはフィラデルフィア管を初め、他のオーケストラとの録音もあるが、これはストコフスキー晩年の録音である。八十歳を越えてからの録音であるが、さすがに自家薬籠たる作品であるだけに、余裕を持ってオーケストラをたっぷりと鳴らし、華々しい効果を上げている。

**◎ヘンリー・ウッド編　ニコラス・ブレイスウェイト指揮ロンドン・フィルハーモニー管弦楽団（1990）〈Lyrita〉**

この曲の最初のオーケストラ編曲はミハイル・トゥシュマロフによって一八九一年に行われた。ヘンリー・ウッドはある機会にそれを指揮したが、その体験の上に自ら編曲に乗り出し、一九一五年短期日のうちに完成させた。それがここで聴くことの出来る版であり、大オーケストラの楽器群を分厚い音で塗り尽くした趣が強く、ある意味では野暮ったい。一九二二年ラヴェルの編曲が発表されると、忘却の彼方に追いやられてしまったのも仕方あるまい。ブレイスウェイトの指揮はめりはりを効かせて、率直に作品と対峙している。

**◎セルゲイ・ゴルチャコフ編　グルツェゴルツ・ノヴァーク指揮ロイヤル・フィルハーモニー管弦楽団（2012）〈RPO〉**

この曲のオーケストラ編曲の殆どは、多かれ少なかれラヴェル版の影響を受けているのに対して、これはムソルグスキーのピアノの原曲に立ちかえり、一九五四年に編曲されたという。確かにロシアの土俗的な香りが漂っている。ノヴァークはロイヤル・フィルの首席准指揮者であるが、演奏はあくまでも作品の紹介という面が強い。

**◎ウラディーミル・アシュケナージ編　ウラディーミル・アシュケナージ指揮フィルハーモニア管弦楽団（1982）〈Decca〉**

ピアニストでもあるアシュケナージは、一枚のCDに自らの演奏でピアノ独奏とオーケストラ指揮との二種類の演奏を収録した。オーケストラ編曲は録音のために行われたが、全体に洗練された作品になっており、ロシア出身のアシュケナージというイメージは薄い。現代的な感覚というべきだろうか。演奏は華々しい。

**◎レナード・スラトキン編　レナード・スラトキン指揮BBC交響楽団・合唱団（2004）〈Naxos〉**

スラトキン編と記したが、これは既に記したラヴェルを初めとして、カイエ、ウッド、ストコフスキー、ゴルチャコフ、アシュケナージ、それにワルター・ゲール、エミール・ナウモフ、カール・シンプソン、ジョン・ボイドなど我々には未知の作曲家を含む総勢十五人の編曲を曲毎に選び出して集大成、スラトキンが一つの作品としてまとめたものである。冒頭のエリソン編「プロムナード」での鐘の音から最後の合唱入りのガムリー編「キエフの大門」まで、『展覧会の絵』の新しい側面に驚かされる。演奏はＢＢＣプロムスのライヴで、スラトキンの的確な指揮によって、彼がこの曲に込めた想いを知るに不足はない。

**◎ローレンス・レナード編　タマーシュ・ウンガール（Ｐ）、ジェフリー・サイモン指揮フィルハーモニア管弦楽団（１９９２）〈Ｃａｌａ〉**

現時点では『展覧会の絵』のピアノ協奏曲編曲版は二点ある。その一つが一九七七年のレナード版である。ピアノ・ソロにはことさら超人的な妙技は求められておらず、ごく平板なオーケストラの上に、ピアノが要所要所で顔を現すという形になっている。序奏のプロムナードは協奏曲の序奏部と位置付けになっているが、全体としては薄味の編曲であり、演奏である。

**◎グリゴリー・グルズマン～ディルク・モメルツ編　フォーレ四重奏団（２０１６）〈Ｂｅｒｌｉｎ〉**

この珍しい版は演奏しているフォーレ四重奏団のピアニスト、モメルツの師であるグルズマンが、ピアニストとして参加していたショスタコーヴィチ・トリオ用に編曲したピアノ三重奏団版を基に、モメルツがピアノ四重奏用に編曲したものである。冒頭の「プロムナード」のテーマが二小節独奏ピアノで演奏されると、ピアノ四重奏のアンサンブルに入

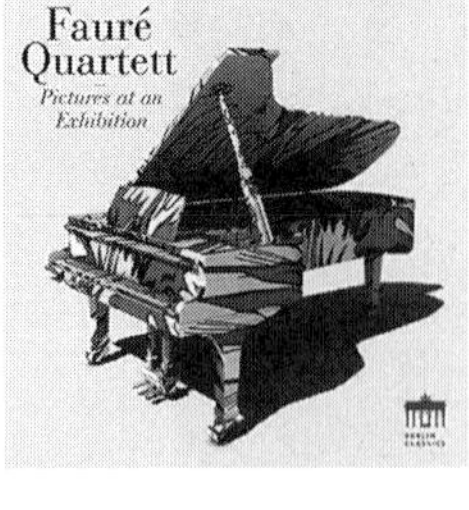

る。特殊奏法など大胆な手法が取り入れられて表現の幅が拡大されている。フォーレ四重奏団の演奏も現代感覚溢れるシャープな表現で、この曲の新しい魅力を発見させてくれる。

### ◆ムソルグスキー：交響詩『はげ山の一夜』

**◎原典版　クラウディオ・アバド指揮ベルリン・フィルハーモニー管弦楽団、ベルリン放送合唱団、南チロル児童合唱団、アナトーリ・コチェルガ（Bs-Br）（1995）**

**〈SONY〉**

現在一般に演奏される版は、一八八六年の初演に際して指揮をしたリムスキー＝コルサコフによる編曲である。しかしこの曲にはそれに先立ついくつかの異稿が存在する。その一つがここで聴けるいわゆる原典版で、曲名は『はげ山の上の聖ヨハネの夜』という。R＝コルサコフ版に比べると原色的で粗野な要素が強く、アバドの指揮は、夏至の聖ヨハネ祭の前夜における魔女たちの乱痴気騒ぎの宴会の様相を、グロテスクなまでに描き出している。いかにもムソルグスキーの音楽であることを納得させられる。

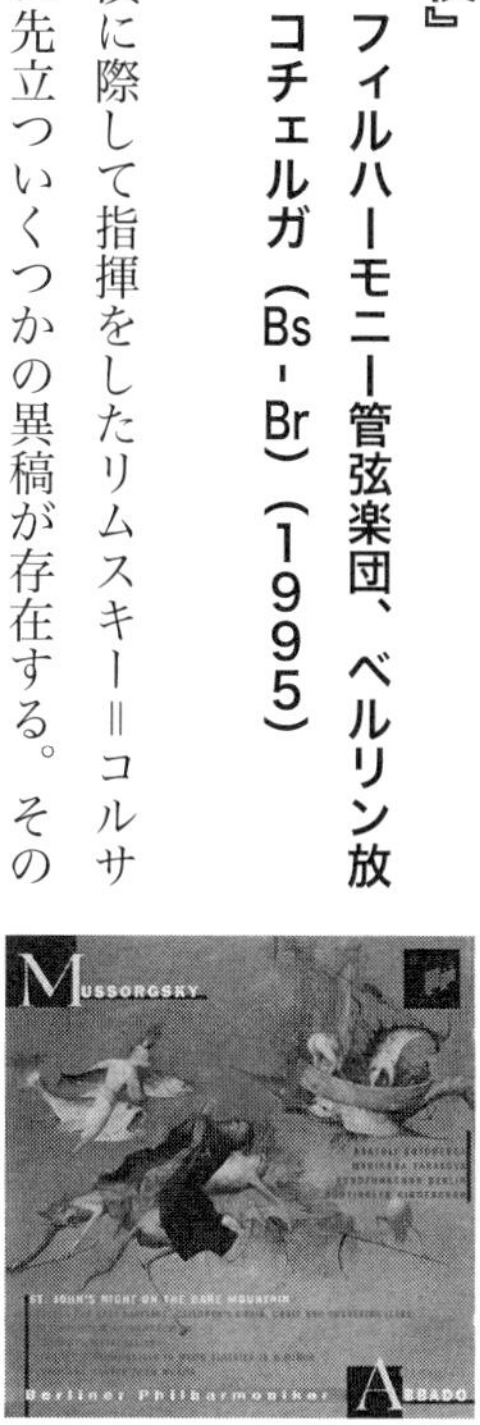


**◎ニコライ・リムスキー＝コルサコフ編　ゲンナジー・ロジェストヴェンスキー指揮パリ管弦楽団（1972）**

**〈EMI〉**

R＝コルサコフは残されていたムソルグスキーの三つの異稿をもとにこの決定版を書き、一八八六年に初演したことは先に記した。ロジェストヴェンスキーの鮮やかな棒捌きと、パリ管の洗練された音が融合した理想的な演奏ということが出来る。原典、編曲による演奏を含め、これはこの曲の永遠のスタンダードな演奏としての価値がある。

◎**レオポルド・ストコフスキー編　レオポルド・ストコフスキー指揮ロンドン交響楽団（1967）〈Decca〉**

ストコフスキーは一九一七年のロシア革命直後に当地を訪れて、この曲の原典譜を見る機会があった。それをヒントに彼はリムスキー＝コルサコフ版の上に独自の編曲を施した。いささかどきついオーケストレーションであるが、魔女たちの狂乱の模様が大胆に表現されている。この曲に限らずストコフスキーの演奏は特に表記されていなくても、オーケストレーションに彼の手が入っていることが多いが、これは編曲者として彼の名前が表記されている。もちろん演奏は彼の意図を反映していて面白い。

◆**チャイコフスキー：交響曲第六番ロ短調『悲愴』**

◎**ワルター・ニーマン編　岡城千歳（P）（1999）〈ProPiano〉**

チャイコフスキーはこの曲の完成直後、自ら四手のピアノ版の草稿を書いたが、これはそれとは別に、ピアニストのニーマンが一九二九年に出版した編曲による演奏である。原曲に比べると特定のパートが浮き上がるなど、ピアノ曲としての特徴が強く出ている。岡城千歳の演奏も原曲の内容以上にピアニスティックな要素が強く打ち出されている。

◆**チャイコフスキー：バレエ組曲『くるみ割り人形』**

◎**ニコラス・エコノム編　マルタ・アルゲリッチ、ミラベラ・ディーナ（P）（2010）〈EMI〉**

編曲者のエコノムによる二台のピアノ用への編曲である。彼は一九五三年ギリシャ生まれのピアニストで、ジャズのチック・コリアとも共演するなど幅広い活躍をしたが、交通事故のために四十歳の若さにして亡くなった。この編曲はエコノムの娘セメーレとアルゲリッチの三女ステファニーに捧げられ、一九八八年に出版された。演奏は実にダイナミックでスピード感に溢れ、バレエ音楽というイメージはない。「こんぺい糖の踊り」の原曲のチェレスタがピアノに置き換えられて印象的になっている。

### ◆ドヴォルザーク：交響曲第九番ホ短調『新世界より』

**◎アントニン・ドヴォルザーク編　中井恒仁、武田美和子（P）（2016）〈NYS〉**

この曲はドヴォルザークのアメリカ滞在末期の一八九三年に作曲され、同年末ニューヨークで初演された。翌年にはドイツでもチェコのプラハでも好評をもって迎えられた。有名になった作品は、ピアノ曲や少人数アンサンブル用に編曲されて広く演奏されるのは当時の習慣であり、これは作曲家自身によるピアノ連弾用の編曲版である。編曲された時期は不明であるが、その後多くの人によって様々な形に編曲され、中でも第二楽章のラルゴは「家路」としてピアノの初心者によっても弾かれる。中井・武田のデュオは現代感覚にあふれ、第三楽章のスケルツォなどボヘミアの民俗的な要素も巧みに表現されている。

### ◆ドヴォルザーク：ユモレスク

**◎フリッツ・クライスラー編　フリッツ・クライスラー（Vn）、フランツ・ルップ（P）（1938）〈EMI〉**

今ではクライスラーの編曲によるヴァイオリン曲として余りにも有名になっているが、元々はドヴォルザークが一八九四年に作曲したピアノ曲『八つのユモレスク』の第七番変ト長調である。録音歴の長いクライスラーは複数回この曲を録音しているが、これはゆったりとした親しみ易い歌い回しでもって永遠の名演とされる。なおクライスラーは他にも一九一九年にジョセフ・パステルナック指揮の管弦楽団をバックにした録音もあるが、その編曲者は不明である。なおこの曲は特に難しい曲ではないので、クライスラーには原曲通り演奏した彼唯一のピアノ独奏の録音も残されている。

**◎ミッシャ・エルマン編　ミッシャ・エルマン（Vn）、ジョセフ・ボニメ（P）（1919）〈Biddulph〉**

**◎アウグスト・ヴィルヘルミ編　ミッシャ・エルマン（Vn）、レオポルド・ミットマン（P）（1940代）〈RCA〉**

〝エルマン・トーン〟と呼ばれる希代の甘美な音で聴き手を魅了したエルマンは、少なくとも六回この曲を録音しているが、一九一九年の米ビクター録音は四度目の録音である。若い頃はいずれも自分の持ち味を発揮しようとしたためか、自ら編曲した版を使用しているが、エルマン二十八歳頃の青年期の演奏であるだけに、聴き手に媚びることのない若々しさが好ましい。一方ヴィルヘルミの編曲を用いた四十年代のミットマン伴奏の録音は、ポルタメントを効かせた歌謡性に富んだゆったりとした演奏であり、エルマンの個性満開である。

**◎ヤッシャ・ハイフェッツ編　ヤッシャ・ハイフェッツ（Vn）、エマヌエル・ベイ（P）（1944）〈MCA〉**

ハイフェッツは若き日はEMIの専属、円熟期に入ってからは米ビクター（RCA）の専属だったが、その間のわずかな期間の一九四四年だけ米デッカ（MCA）と専属契約を結んだ。これはその当時の録音で、演奏はいかにも大家らしくスケールが大きいだけではなく、表情は繊細かつ大胆で、単なるアンコール曲に陥らないだけの筋が通っている。

**◎フランツ・ワックスマン編　ナージャ・サレルノ＝ソネンバーグ（Vn）、アンドリュー・リットン指揮ロンドン交響楽団（1997）〈Nonsuch〉**

指の故障から復活したナージャの記念CDで、『ユモレスク』というタイトルで映画のサントラ風にまとめられたアルバムの中の一曲である。映画畑のワックスマンによる編曲は、『カルメン幻想曲』と同じく、オーケストラは常識的な域にとどまっている。ナージャは細部に拘らず大らかな演奏を聴かせている。アルバムの最後にはワックスマンが自由に編曲したピアノ伴奏版の演奏も収録されている。このピアノはレスリー・スティフェルマン。

### ◆リムスキー＝コルサコフ：交響組曲『シェエラザード』

**◎ニコライ・リムスキー＝コルサコフ編　ピアノデュオ・トレンクナー＆シュパイデル（P）（2009）（MDG）**

後のラヴェルに先行するオーケストラの魔術師であったR＝コルサコフは、ロシア五人組の中でも最も華々しい活躍をした。その彼の代表作が『シェエラザード』で、一八八八年に作曲された。このピアノ連弾版は翌八九年に彼自身と優れたピアニストであった夫人の二人で弾くために編曲された。曲は『アラビアン・ナイト（千一夜物語）』に基づいており、オーケストラでは艶めかしいシェエラザードの主題はヴァイオリンで歌われ、シャリアール暴王の威嚇的な主題との音色的な対照が明白であるが、ピアノの場合ではやはりその対比が希薄になる。演奏はトレモロや軟らかな旋律の歌わせ方などの工夫が見られるとはいえ、オーケストラ曲としての華やかな魅力を知ってしまうと、物足りなさがあるのは止むを得ない。その限りではこのピアノ・デュオはなかなか健闘している。

### ◆サラサーテ：ツィゴイネルワイゼン

**◎ジョルジュ・エネスコ編　ジョルジュ・エネスコ（P）（1928）〈Documents〉**

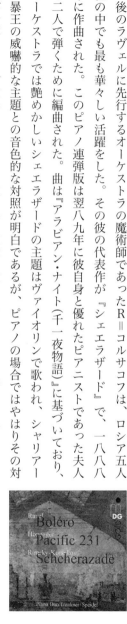

ピアノ・ロールへの録音である。ヴァイオリニストとしてのイメージが強いエネスコであるが、彼は自分で編曲した版を用いて、ピアニストとして演奏しているのが珍しい。トレモロやグリッサンドなどの技巧を駆使して、ヴァイオリン・ソロのパートをピアノに移し、それなりに華麗な作品としての面影を残している。

**◆マーラー：交響曲第一番ニ長調『巨人』、第二番ハ短調『復活』**

**◎ブルーノ・ワルター編　ピアノデュオ・トレンクナー&シュパイデル（P）（2011、2012）〈MDG〉**

大オーケストラ曲は十九世紀末になっても演奏される機会は少なかった。そこでピアノで演奏出来る版が作られる例は少なくない。マーラーは『巨人』と『復活』の二つの交響曲のピアノ編曲を、一八九六年ウィーンの楽譜出版商ヨーゼフ・ヴァインベルガーから依頼されたが、指揮に多忙な彼は弟子でピアノの名手でもあった二十歳のワルターに作業を委ねた。大編成の曲だけに十本の指では足りないので四手連弾になったといわれ、一八九九年に出版された。トレンクナー&シュパイデルのデュオは堅実な技巧の持主で、演奏はいささかの誇張もないのに好感が持てる。ただ声楽入りの第二番『復活』のような超大曲ともなると、さすがに原曲のスケール感をイメージすることは難しい。

**◆マーラー：交響曲第四番ト長調**

**◎エルヴィン・シュタイン編　クリスティアーネ・カルク（S）、ルノー・カピュソン、カーチャ・レンメルマン（Vn）、アントイネ・タメスティット（Va）、クレメンス・ハーゲン（Vc）、アロイス・ポッシュ（Cb）、マガリ・**

モニエ（Fl）、セバスティアン・マンツ（Cl）、アルブレヒト・マイヤー（Ob）、ヘルベルト・シュフ、ゲレオン・クライナー（P）、レオンハルト・シュミディンガー、マルティン・グルビンガー（打楽器）（２０１１）〈Ｏｒｆｅｏ〉

シェーンベルクは第一次大戦後、新ウィーン楽派の仲間たちと私的な演奏会を開いており、この編曲は一九二一年一月ウィーンのコンツェルトハウスの小ホールで開かれたその演奏会で披露された。編曲者のシュタインはシェーンベルクの弟子である。オーケストラのパートは十二人で演奏される室内楽編成で、それぞれがソリスト的に活躍する。この録音はマーラー没後百年を記念したザルツブルク音楽祭での演奏のライヴで、カピュソンやハーゲンを中心に錚々たる演奏家が集まっている。テンポやダイナミズムも自由で伸び伸びとした解放感が伺われ、原曲の交響曲とは別の魅力がある。第四楽章で加わるソプラノもそのスタイルにふさわしい。

### ◆マーラー：交響曲第十番嬰へ長調

**◎デリック・クック編　ダニエル・ハーディング指揮ウィーン・フィルハーモニー管弦楽団（２００７）〈ＤＧ〉**

マーラーが第一楽章のみをほぼ完全な形で残した未完の作品で、この第一楽章だけが単独で演奏されることが多い。しかし第二次大戦後マーラーが大まかな形で残したスケッチを補筆して、五楽章の全曲版を完成させる試みが行われ、その一つがイギリスの音楽学者クックによる補筆校訂版である。クックの没後に後人によって校訂の手が加えられ、ハーディングの録音は、ベルトホルト・コールドシュミットとマシューズ兄弟の手が加わった一九八九年の第三稿によっている。ハーディングの演奏はたっぷりとした雰囲気に溢れ、マーラーの音楽の伸びやかな面にスポットが当てられている。オーケストラがウィーン・フィルであることを意識したものだろう。

◆ドビュッシー：交響詩『海』

◎カルロ・マリア・グリグオーリ編　ジョルジア・トマッシ、カルロ・マリア・グリグオーリ、アレッサンドロ・ステッラ（P）（2012）〈EMI〉

これはアルゲリッチが主宰する二〇一二年の、ルガーノ音楽祭のために編曲された三台のピアノ用の作品であり、編曲者自身も第二ピアノ奏者として演奏に参加している。余りにも有名な管弦楽曲であり、ドビュッシーは”色彩とリズムを持った時間“で出来ていると述べているように、ピアノでは容易に表現しきれない作品である。それでも三台のピアノともなればある程度色彩的な表現が可能であり、編曲者と他の二人のピアニストたちもいずれ劣らぬ洗練された感性でもって、演奏に当たっている。

◆ドビュッシー：小組曲

◎アンリ・ビュッセル編　ジャン・マルティノン指揮フランス国立放送管弦楽団（1974）〈EMI〉

一八八九年に四手のためのピアノ連弾曲として作曲された。ドビュッシー初期の未だ印象主義以前の作品であり、旋律の美しさと優美な甘美さで際立っている。グノーの弟子だったビュッセルの編曲したオーケストラ曲として、原曲以上に知られる作品になった。四曲から成り、第一曲「小舟にて」はヴァイオリンやフルートでも演奏される。マルティノンの洗練された指揮はこの曲のあるべき姿を的確に描き出しており、理想的な演奏である。

◆デュカス：交響詩『魔法使いの弟子』
◎ヴィクトル・スタウ編　ユジャ・ワン（P）（2011）〈DG〉

『魔法使いの弟子』はゲーテのバラードによる交響的スケルツォである。一八九七年の作品で、デュカスの出世作となった。そして一九三九年ディズニーのアニメ映画『ファンタジア』の中で、ミッキー・マウスのユーモラスな活躍ぶりで話題になった。ユジャ・ワンは子供の時に見たこの映画に魅せられてクラシックの道に入ったという。この曲を含むCDのアルバム・タイトルが《ファンタジア》となっているのも故なきことではない。フランスのピアニストであるスタウの演奏効果十分な編曲によってワンの演奏は冴えている。

◆ラフマニノフ：ピアノ協奏曲第五番ホ短調
◎アレクサンダー・ヴァレンベルク編　ヴォルフラム・シュミット＝レオナルディ（P）テオドーレ・クチャル指揮ヤナーチェク・フィルハーモニー管弦楽団（2007）Brilliant）

これはラフマニノフの交響曲第二番を原曲としたピアノ協奏曲である。ラフマニノフはピアノ協奏曲を四曲しか残さなかったので、第五番と呼ばれる。交響曲はもともと四楽章で構成されているのに対して、この協奏曲版は三楽章制なので、当然交響曲をそのままピアノ協奏曲に置き換えたものではないが、よく知られた主題を中心に書き下ろされており、曲の本質に変わりはない。編曲者はこのCD制作者の師で、レオポルド・アウアーやR＝コルサコフの門下に繋がる作曲家である。出来上がった曲はラフマニノフの孫アレクサンダーの許可を得ているとされ、楽譜も出版されている。演奏は華麗な曲を精力的に弾きこなすピアニストとヴェテランの指揮者との息の合ったコンビを見せている。

◆ラフマニノフ：ヴォカリーズ

◎セルゲイ・ラフマニノフ編　セルゲイ・ラフマニノフ指揮フィラデルフィア管弦楽団（1929）〈RCA〉

◎クリス・ハーゼル編　ハンナ・チャン（Vc）レナード・スラトキン指揮フィルハーモニア管弦楽団（2000）〈EMI〉

◎ゾルタン・コチシュ編　ゾルタン・コチシュ（P）（1984）〈PH〉

◎アーカディ・ダベンスキー編　アンナ・モッフォ（S）、レオポルド・ストコフスキー指揮アメリカ交響楽団（1964）〈RCA〉

この曲は本来ピアノ伴奏の「十四の歌曲」作品三十四の第十四曲で、曲名通り歌詞の無いヴォカリーズである。余りにも甘美なメロディなので、様々な編曲によって多くの楽器で演奏される。その中でもまず作曲家自身の編曲によるオーケストラ版は、コンサートでもアンコール曲としてしばしば取り上げられる。弦楽器を主体に木管とホルンで歌われるが、ラフマニノフの指揮はさすがに作曲家本人らしく、音楽を大掴みにしたスケールの大きさを見せている。

器楽の例として、ここではまずハンナ・チャン盤をあげておく。ハーゼル編曲によるチェロとオーケストラの演奏である。美しいメロディを爽やかに歌いあげており、ことさら思い入れはない。またコチシュの独奏ピアノ用の編曲は、声楽のヴォカリーズの部分と伴奏ピアノを一人のピアニストが弾くわけだが、ただ声楽パートをそのままピアノに取り入れたのではなく、独特の装飾を加えてピアノ曲として単調に陥らない工夫がある。

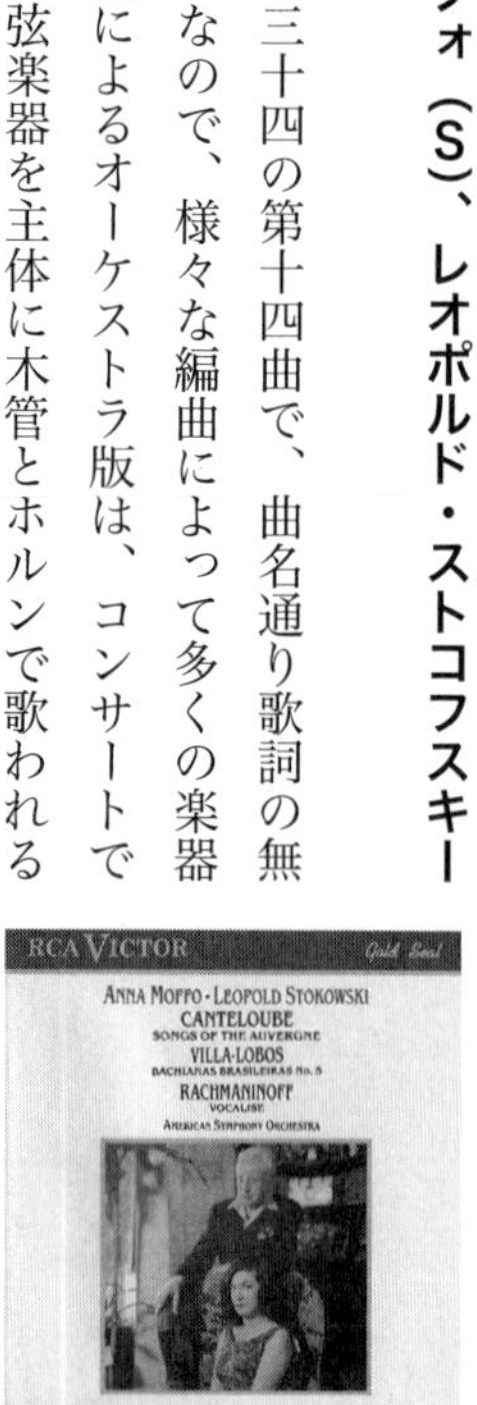


バックの伴奏ピアノをオーケストラに置き替えた歌曲としての編曲は数種類あるが、このダベンスキーの編曲では、繊細な声を持つ若き日のモッフォが、ロマンティックで纏綿たるストコフスキー指揮するオーケストラに

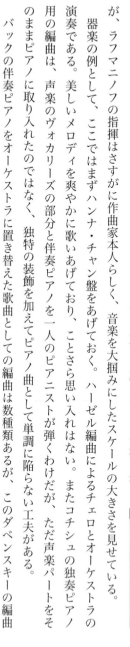

乗って歌うのが、今なお魅力的である。

### ◆ラヴェル：バレエ音楽『ダフニスとクロエ』第二組曲

**◎リュシアン・ガルバン編　セルジオ・ティエンポ、カリン・レヒナー（P）（2007）〈EMI〉**

ラヴェルはこのバレエ音楽を書くに当たってまずピアノ独奏版を書き、それをオーケストレーションした。一九一一年のことである。ガルバンはラヴェルの友人で、彼の推薦で楽譜出版社のデュランに入社した。同社からはすでにレオン・ロックによるこの曲のピアノ四手連弾版や二台のピアノ版が出版されていたが、これはそれとは別にガルバンが二台のピアノ用に編曲した版である。二人のピアニストの演奏は安定感があり、いかにもラヴェルらしい精妙なニュアンスが伝わってくる。

### ◆クライスラー：愛の喜び、愛の悲しみ

**◎セルゲイ・ラフマニノフ編　セルゲイ・ラフマニノフ（P）（1925、1921）〈RCA〉**

ラフマニノフとクライスラーはわずか二歳違いだった。二人は気が合い、ラフマニノフが室内楽のピアニストとして録音を残したのは、クライスラーだけである。ラフマニノフがクライスラーの代表作であるこの二曲を独奏ピアノのために編曲したのは、一九二〇年代のこととされ、もちろん自分で弾くためである。原曲のヴァイオリン曲に比べて、表現の幅は一段と大きくなり、ラフマニノフの巨匠的な演奏がそれを倍加している。『愛の喜び』の終盤で転調してからの鮮やかな演奏は、それを象徴している。

## ◆ポンセ：エストレリータ

◎ヤッシャ・ハイフェッツ編　ヤッシャ・ハイフェッツ（Vn）、エマニュエル・ベイ（P）（1950頃？）〈RCA〉

小品ではあるが、ハイフェッツの編曲によるヴァイオリン曲として、余りにも有名な作品になっている。原曲はポンセが一九一三年に作詞作曲したオリジナル歌曲で、民謡的な雰囲気を持っている。歌詞の内容は、はかない望みを小さな星（エストレリータ）に託すというものである。現在聴くことが出来るハイフェッツの演奏は二種類あり、これは新しい方だが、モノーラル録音である。素朴な楽曲を転調しながら技巧を凝らした曲に仕上げている。いかにもハイフェッツらしく、演奏もそれにふさわしい。

## ◆プロコフィエフ：交響曲第一番二長調『古典』

◎寺嶋陸也編　マルタ・アルゲリッチ、イエフィム・ブロンフマン（P）（2002）〈EMI〉

これは一九九八年、アルゲリッチと彼女の弟子である伊藤京子の委嘱により、二台のピアノのために編曲されたもので、ほぼ原曲に忠実であるが、それぞれのピアノに見せ場がある。演奏はアルゲリッチが主宰するルガーノ音楽祭のライヴである。ピアノ二台ということもあり、プロコフィエフの自演よりも生彩があり、速めのテンポによる躍動感が素晴らしい。

## ◆オネゲル：交響的運動第一番『パシフィック231』

◎アルテュール・オネゲル編　ピアノデュオ・トレンクナー&シュパイデル（P）（2009）〈MDG〉

原曲のオーケストラ曲は一九二三年に作曲されたが、作曲者自身によるピアノ連弾版は翌年に書かれた。いわゆるＳＬ機関車の単純な描写ではないにしても、ピアノ曲として聴くと、機関車のリズム感がいかにも明確になり、オネゲルの作曲の意図が明らかにされる。トレンクナーとシュパイデルの演奏も、リズムがいかにも明快で気持ちが良い。

### ◆ハチャトゥリアン：フルート協奏曲ニ短調

**◎ジャン＝ピエール・ランパル編　ジャン＝ピエール・ランパル（Fl）、ジャン・マルティノン指揮フランス国立放送管弦楽団（1970）〈Erato〉**

この曲の原曲はヴァイオリン協奏曲第二番で、一九四〇年に作曲されると、ダヴィッド・オイストラフに献呈された。アルメニアの土俗色濃いヴァイタリティに溢れた名曲として知られている。一九六八年になって、ランパルはハチャトゥリアンにフルート協奏曲の作曲を依頼したが、高齢の彼はランパルに対して、このヴァイオリン協奏曲を自らの手でフルート協奏曲に編曲するよう提案した。こうして生まれたのがこの作品である。CDはランパルの技巧の限りを尽くした精力的な演奏が、原曲のヴァイオリンに劣らないほどの効果を発揮しており、マルティノンの洗練された指揮と相俟って、決定盤といえる名演になっている。カデンツァはランパルのオリジナルである。

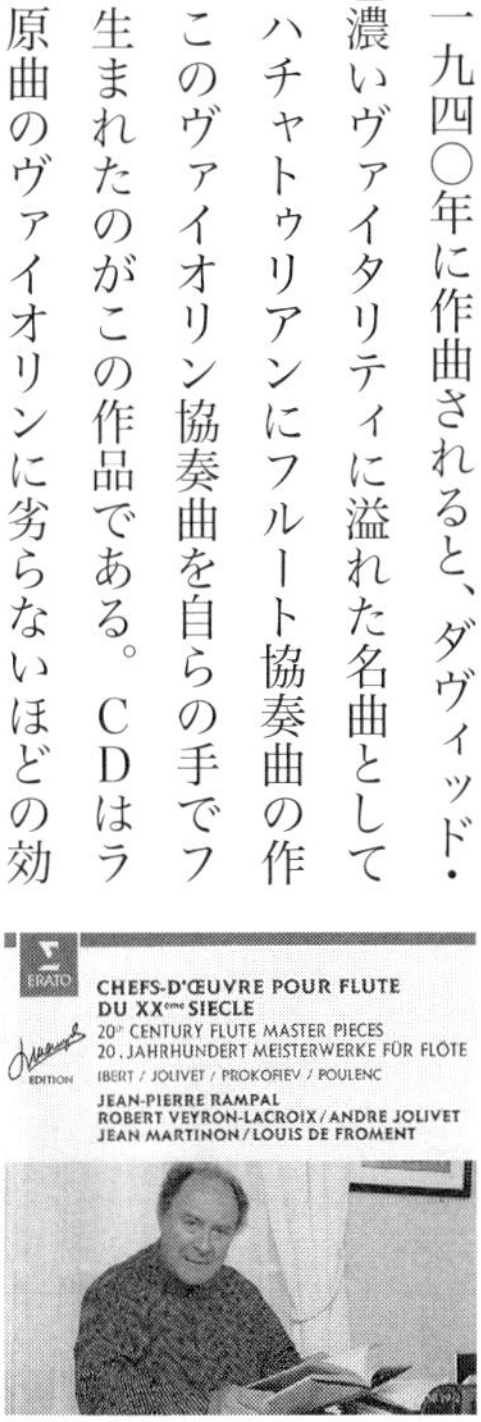


### ◆ショスタコーヴィチ：室内交響曲ハ短調

**◎ルドルフ・バルシャイ編　ルドルフ・バルシャイ指揮モスクワ室内管弦楽団（1967）〈Brilliant〉**

これはショスタコーヴィチが一九六〇年に作曲した弦楽四重奏曲第八番が原曲である。彼は第二次大戦中のドレスデン大空襲の体験者の回想話に強い衝撃を受け、曲は”ファシズムと戦争の犠牲者の思い出“に捧げられた。

弦楽四重奏団のヴィオラ奏者としてこの曲に心酔していたバルシャイは、自ら創設したモスクワ室内管弦楽団が演奏するために、弦楽オーケストラ用に編曲した。一九六八年の作品である。その出来栄えにショスタコーヴィチも満足して自ら110aの作品番号を与えた。演奏はバルシャイの引き締まった指揮による内面的な表現が、原曲とは異なる感銘を与えてくれる。

### ◆ショスタコーヴィチ：『二人でお茶を』（タヒチ・トロット）

**◎マリス・ヤンソンス指揮フィラデルフィア管弦楽団（1996）〈EMI〉**

一九三〇年頃ソ連でもジャズ風のダンス音楽がもてはやされた。時流に乗ってショスタコーヴィチはジャズ組曲などこの種の作品を作っているが、『二人でお茶を』はアメリカのヴィンセント・ユーマンスが、ミュージカル『ノー・ノー・ナネット』のために書いた主題歌である。この曲がヒットしていた一九二七年のある日、ショスタコーヴィチは指揮者ニコライ・マルコとどちらが早くこの曲をオーケストレーション出来るかを競争し、ショスタコーヴィチはわずか四十分で仕上げて、マルコに勝った、というエピソードが残されている。そして『タヒチ・トロット』という曲名で自分の作品として発表した。ヤンソンスはこのようなアンコール・ピースを楽しみながら、シンフォニックに演奏している。

# 三．編曲第二部

### ◆バッハ：管弦楽組曲第六番

**◎ヘンリー・ウッド編　レナード・スラトキン指揮ＢＢＣ交響楽団（２００３）〈Ｃｈａｎｄｏｓ〉**

バッハの管弦楽組曲は四曲あり、加えて偽作とされる第五番も存在している。そこで新たに作られた管弦楽組曲には第六番という番号が付けられた。考案したのは指揮者のヘンリー・ウッドである。彼は一八九五年にプロムス・コンサートを創始したが、このバッハの『組曲第六番』は一九一六年のプロムスで演奏された。内容はバッハの様々なクラヴィーア作品のフル・オーケストレーション化であり、六曲で構成されている。例えば第一曲「前奏曲」は『平均律クラヴィーア曲集』第一巻の「前奏曲」、第四曲「ガヴォットとメヌエット」は『イギリス組曲』第六番の「ガヴォットⅠ&Ⅱ」が原曲である。プロムスというコンサートの性格上ポピュラーな要素が求められるためか、バッハの原作を離れた誇張もみられる。スラトキンの指揮もそのあたりを十分に考慮に入れて、多分にロマンティックな味が濃い。それだけに楽聖バッハの曲というイメージは稀薄である。

### ◆ハイドン：弦楽四重奏曲第七十七番ハ長調『皇帝』

**◎ライプツィヒ・ゲヴァントハウス四重奏団（２００４）〈ＮＣＡ〉**

この曲が有名なのは、第二楽章の変奏曲がドイツ国歌になったからである。曲は一七九七年一月に作曲されたもので、その第二楽章の変奏主題に歌詞が付けられ、同年二月十二日、皇帝フランツ二世の誕生日に『皇帝賛歌』としてウィーンの劇場で演奏されて、オーストリア国歌として認められた。やがてドイツ国内で広く国歌として歌われるようになり、第二次大戦後の一九五〇年に歌詞の一部が変更され、一九九一年東西統合のドイツ国歌として確定した。ゲヴァントハウス四重奏団の演奏は、伝統の中に清新溌剌とした息吹がある。

**◆モーツァルト：デュポールの主題による九つの変奏曲ニ長調**

**◎クララ・ハスキル（P）（1954）〈PH〉**

モーツァルトが一七八九年プロイセンのポツダム宮廷を訪れた時に作曲された。この宮廷楽団の楽長で、名チェリストであるジャン・ピエール・デュポールの、チェロ・ソナタの中のメヌエットをテーマとした変奏曲である。プロイセン国王の前で演奏されると、曲はデュポールに捧げられた。モーツァルトのピアノのための変奏曲の中では優雅な作品として知られる。モーツァルト弾きとして名高いハスキルの精妙なニュアンスに溢れた演奏は、流動的で高貴さが光る。

**◆モーツァルト：『ああ、お母さん聞いて』による十二の変奏曲ハ長調**

**◎ヴァルター・ギーゼキング（P）（1953）〈EMI〉**

一七七五年パリを訪れたモーツァルトが、当地で流行っていたフランス民謡を主題に作曲したもので、通称『きらきら星』変奏曲と呼ばれる。巨匠ギーゼキングのピアノはタッチが明快で、余裕を持った演奏は淀みない。

**◆モーツァルト：悔悟するダヴィデ**

**◎W・A・モーツァルト編　シギスヴァルト・クイケン指揮ラ・プティット・バンド、オランダ室内合唱団、クリスティーナ・ラキ（S）、ニコール・ファリエン（S）、ハンス＝ペーター・ブロホヴィッツ（T）（1985）〈DHM〉**

自分の作品を自らの他の作品に転用する例は、ロッシーニのオペラなどに見られることで珍しくはない。このオラトリオは一七八五年ウィーンで開かれた演奏会で発表された。全十曲から成るが、そのうち第六曲と第八曲の二曲を除いて、楽器編成も殆どそのまま未完のミサ曲ハ短調Ｋ４２７の「キリエ」と「グローリア」の中から転用されている。ミサの典礼文はダ・ポンテのイタリア語歌詞に置き換わっている。演奏スタイルはクイケンらしい独自性に貫かれていて、バロック音楽的な傾向が強い。

**◆ベートーヴエン：『ウェリントンの勝利』**

**◎ロリン・マゼール編　ロリン・マゼール指揮バイエルン放送交響楽団（１９９５）〈ＲＣＡ〉**

一八一二年ロシア遠征に失敗したナポレオン軍だが、さらに翌一三年ヴィットリアでウェリントン将軍率いるイギリス、ポルトガル連合軍と対戦して大打撃を受けた。そのウェリントン将軍の勝利を記念するウィーンにおける演奏会のために、この曲は作曲された。『戦争交響曲』とも呼ばれる。曲中にイギリスの行進曲『ルール・ブリタニア』や『マールボロ』が引用されて、イギリスの勝利を表現している。マゼールの精緻な指揮が単なる機会音楽の域を越えて、曲の面白さを引き出している。

**◆ベートーヴェン：モーツァルトの『魔笛』の主題による十二の変奏曲ヘ長調、モーツァルトの『魔笛』の主題による七つの変奏曲**

**◎ピエール・フルニエ（Vc）、フリードリヒ・グルダ（P）（１９５９）〈ＤＧ〉**

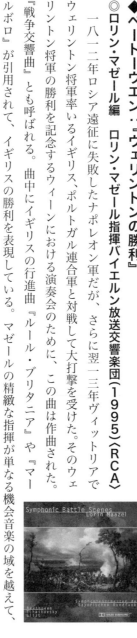

ベートーヴェンはモーツァルトの作品を主題にしたチェロとピアノのための変奏曲を三曲書いている。十二の変奏曲はモーツァルトの歌劇『魔笛』の中のパパゲーノが歌うアリア、「娘か女房か」が主題になっている。一七九八年の作品で、軽い作品ではあるが音楽の流れが自然で気持ちよい。七つの変奏曲は『魔笛』の中の二重唱「恋を知る殿方には」が主題になっている。フルニエとグルダの瑞々しい感性に溢れた演奏には、彼らの若き日の好ましさが遺憾なく発揮されている。

**◆ベートーヴェン：ヘンデルのオラトリオ『マカベウスのユダ』の主題による十二の変奏曲ト長調**

**◎ピエール・フルニエ（Vn）、ヴィルヘルム・ケンプ（P）（1965）〈DG〉**

この主題になっているのは、スポーツの表彰式などでよく演奏される有名な旋律である。これも装飾的な変奏の手法が用いられており、ピアノに重点が置かれ、チェロは従属的である。これもフルニエとグルダによる名演があるが、ここではピアノに老練なケンプが起用された録音をあげておく。

**◆ベートーヴェン：『エロイカ』の主題による変奏曲変ホ長調**

**◎エミール・ギレリス（P）（1980）〈DG〉**

この曲はベートーヴェンのピアノのための変奏曲としては、最も有名な曲の一つである。主題が自作の交響曲第三番『英雄』の第四楽章から採られているからこの曲名で呼ばれるが、この主題はもともとバレエ音楽『プロメテウスの創造物』の音楽として作曲されたものである。主題による低音の序奏に続く主題の提示、それに十五の変奏、最後はコーダと自由な三声のフーガで構成されている。ギレリスの力感に溢れたダイナミックなピアノと堅固な構成力は、ベートーヴェン弾きにふさわしい。しかも繊細さを持ち併せている。

### ◆フンメル：幻想曲『パガニーニの回想』

**◎乾まどか（P）（2005）〈Naxos〉**

フンメルはモーツァルトの後を継ぐ古典派時代の重要な作曲家であり、ピアニストであった。作品は幅広く、先輩作曲家などの作品を元にした変奏曲や幻想曲も多い。師モーツァルトのオペラのアリアを主題にした変奏曲もあるが、これは四歳年下のパガニーニの作品を主題にして四部から構成されており、『カプリース』第九曲、ヴァイオリン協奏曲第二番の「ロンド」、それに『カンパネッラ』などが用いられている。一八三二年の作品である。演奏の乾まどかは鮮やかなテクニックを持ち、曲の面白さを十分に味わわせてくれる。

### ◆パガニーニ：ロッシーニの『モーゼ』の主題による幻想曲、パイジェッロの『水車小屋の娘』による変奏曲、『ゴッド・セイヴ・ザ・キング』による変奏曲

**◎ルッジェロ・リッチ（Vn）、ルイス・パーシンガー（P）（1954）〈London〉**

『モーゼ幻想曲』の詳しい曲名は、《ロッシーニの『モーゼ』の「汝の星をちりばめた玉座に」による幻想曲》という。G線だけで演奏される超難曲であるが、リッチの演奏は、まさにパガニーニのヴァイオリン曲の面白さを前面に押し出していて、手に汗を握らされる。一方パイジェッロの方は、歌劇『水車小屋』の中のアリア「わが心もはやうつろになりて」が主題であるが、日本語では長い曲名なので、イタリア語の『ネルコルピウ変奏曲』と呼ばれる。序奏部を持つが、これまたトリルやスタッカート、フラジオレットなどの技巧が目まぐるしい。まさにリッチ向きの曲といえるだろう。『ゴッド・セイヴ・ザ・キング変奏曲』も同様な作品で、曲名中のキングは女王の時代にはクィーンになる。

◆シューベルト：交響曲第八（七）番ロ短調『未完成』
◎ブライアン・ニューボールド編　ジョアン・ファレッタ指揮バッファロー・フィルハーモニー管弦楽団（2007）〈Naxos〉

シューベルトは『未完成』交響曲を第二楽章まで完成したところで放置したが、彼が残る二つの楽章の作曲を考えていたことは、第三楽章のピアノ・スケッチが残されていることからも明らかである。そこで近年、残る二楽章の完成を試みたのがイギリスの音楽学者ニューボールドである。それは第三楽章の冒頭九小節は残されていたオーケストラ版をそのまま用い、トリオの部分以降は残されていたピアノ・スケッチと、シューベルトが交響曲と同時期に書いていた劇音楽『ロザムンデ』の間奏曲第一番などを転用した。第四楽章も同様である。その全曲版は一九八〇年代に録音されているが、この録音では第四楽章にさらにスイスの指揮者マリオ・ベンツォアーゴが手を加えている。演奏はかなり大編成のオーケストラで、厚みのある音による恰幅の良さがある。

◆シューベルト：ピアノ五重奏曲イ長調『ます』
◎フランツ・シューベルト編　イェルク・デームス（P）、シューベルト四重奏団（ウィーン・コンツェルトハウス四重奏団）員（1959）〈DG〉

シューベルトの余りにも有名な歌曲『ます』を第四楽章の主題にして、五つの変奏およびコーダが展開される全五楽章から成る曲で、一八一九年に作曲された。注目すべきは弦楽四重奏部の楽器編成の特異さで、通常二本あるヴァイオリンが一つだけで、代わりにコントラバスが用いられており、低音が充実している。演奏は若きデームスのピアノが自在

に音楽を紡いでおり、弦楽部もウィーンの雰囲気十分である。

**◆シューベルト：弦楽四重奏曲第十三番イ短調『ロザムンデ』**

**◎フランツ・シューベルト編　アルバン・ベルク四重奏団（1974）〈Teldec〉**

この曲は、シューベルトが一八二三年に作曲した劇音楽『ロザムンデ』の、付随音楽である間奏曲第三番が、ロンド形式の第二楽章の主題として用いられていることで名付けられた。一八二四年、シューベルトが二度目のハンガリー旅行中に作曲されたものと考えられている。シューベルトはことの他この旋律を愛しており、三年後に作曲されたピアノ曲『即興曲』第三番変ロ長調にも用いている。アルバン・ベルク四重奏団の比較的初期の録音であるが、洗練された透明感はやはり傑出している。

**◆シューベルト：弦楽四重奏曲第十四番ニ短調『死と乙女』**

**◎フランツ・シューベルト編　ウィーン・フィルハーモニー四重奏団（1963）〈London〉**

一八二六年に出来上がった弦楽四重奏曲で、第二楽章の変奏曲の主題として、二年ほど前に作曲された歌曲『死と乙女』が用いられていることで有名である。この楽章は歌曲を主題として、六つの変奏とコーダから成っている。ウィーン・フィル四重奏団はいかにもウィーンの室内楽らしい柔らかな雰囲気を失うことなく、同時に原曲にひそむ憂鬱な情感を色濃く表現している。

**◆シューベルト：幻想曲ハ長調『さすらい人』**

**◎フランツ・シューベルト編　スヴャトスラフ・リヒテル（P）（1963）〈EMI〉**

シューベルトは未完の作品を数えれば二十二曲のピアノ・ソナタを残した。中でも亡くなった年の一八二八年に書いた最後の三つのピアノ・ソナタは、ベートーヴェンにも比肩されるがっしりとした構築力を持つ大作である。シューベルトが一八一六年に書いた自作の歌曲『さすらい人』を第二部の変奏の主題に用いたことから、『さすらい人幻想曲』と呼ばれるこの曲は、シューベルト自身さえ満足に弾きこなせなかったほど難度の高い曲である。依頼主がフンメルの弟子であるリーベンベルクであることを知れば、その難しさも納得されよう。四部構成で書かれており、変奏の主題になった歌曲『さすらい人』は、切れ目なく演奏される全四部を有機的に結び付けている。リヒテルの演奏はこの作品の真髄を力強く描き切っており、劇的なドラマさえ感じさせる。

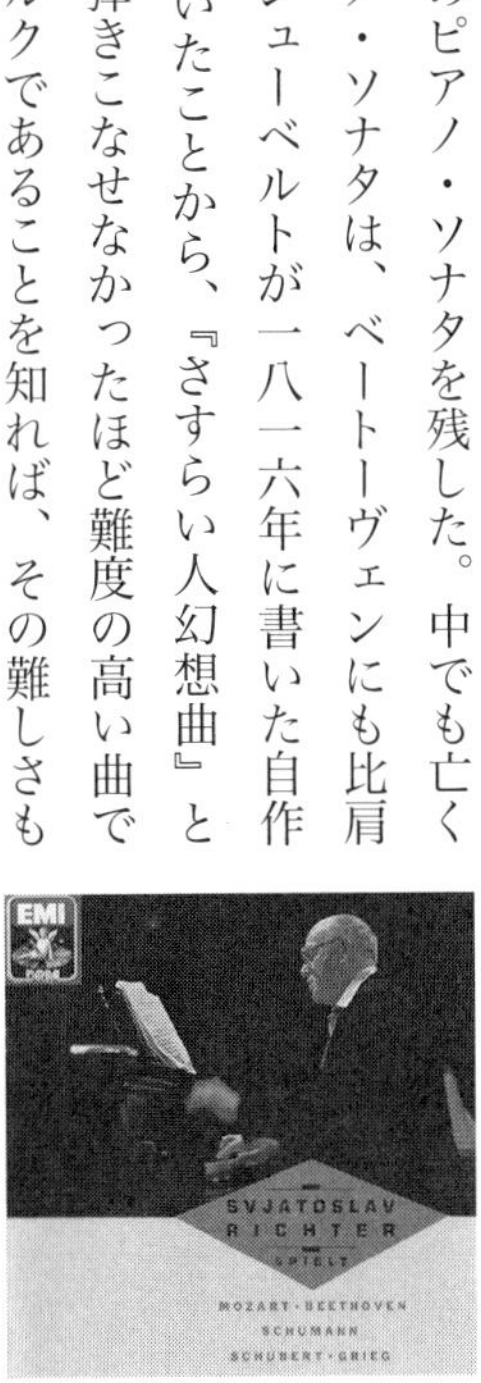


**◎フランツ・リスト編　クリストファー・パーク（P）、クリストフ・エッシェンバッハ指揮NDRエルプフィルハーモニー管弦楽団（2014）〈Capriccio〉**

前記のシューベルトが書いた『さすらい人幻想曲』を、リストが一八五一年にピアノ協奏曲の形に編曲した作品である。またリストはこの編曲された作品を元に、さらに二台のピアノのための曲への編曲も行っている。協奏曲版は原曲に比べるとピアニスティックな純粋性が誇張され、オーケストラは中期ロマン派らしい雰囲気を持つ。そしてピアノがソリストとしての立場を強調している部分と、オーケストラと親しげに対話する部分とが巧みに組み合わされている。演奏はことさら個性的ではないが、作品を知るに不足はない。

◆シューベルト：『しぼめる花』の主題による序奏と変奏曲
◎フランツ・シューベルト編　エマニュエル・パユ（Fl）、エリック・ル・サージュ（P）（1994）〈Naive〉

この曲はシューベルトの友人のフルーティスト、フェルナンド・ボーグナーの依頼によって作曲され、一八二四年に出来上がった。主題に用いられたのは、シューベルトの自作の歌曲集『美しき水車屋の娘』の中の第十八曲であるが、フルートの名曲として余りにも有名である。ボーグナーはかなりの名手だったらしく、技巧的に難度の高い曲になっている。序奏と主題に続いて七つの変奏が繰り広げられる。パユとしては比較的初期の録音であるが、流麗な音楽の流れはいかにもシューベルトにふさわしい。ル・サージュのピアノも緩急自在な動きをみせ、その若々しさはパユのフルートにふさわしい。

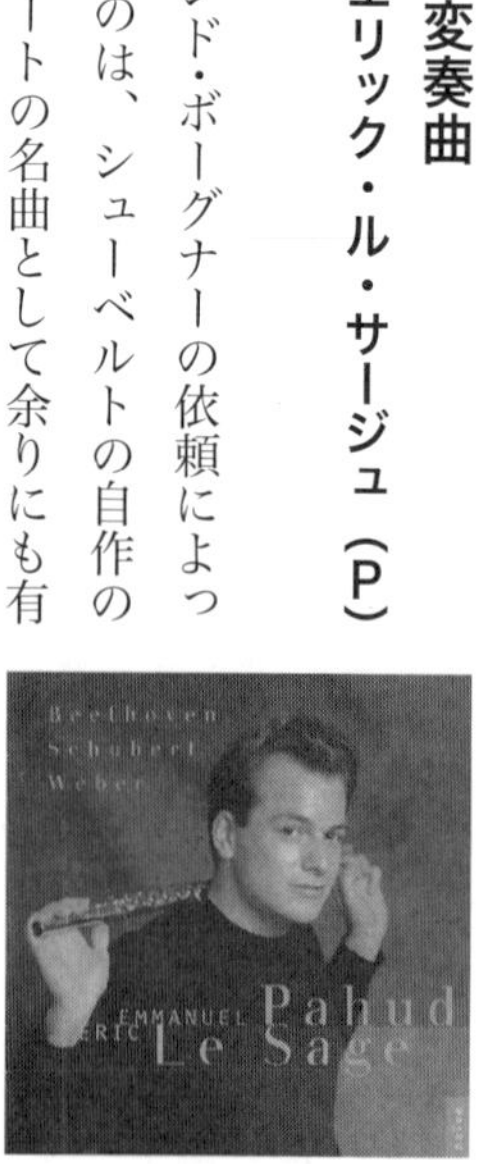


◆アダン：『ああ、お母さん聞いて』による華麗な変奏曲
◎エディタ・グルベローヴァ（S）、クルト・アイヒホルン指揮シュトゥットガルト放送交響楽団（1983）〈Orfeo〉

単独の作品として扱われることが多いが、本来はフランスの作曲家アダンが、一八四九年に発表したオペラ『闘牛士（トレアドール）』第一幕でコラリーヌが歌うアリアで、コロラトゥーラ・ソプラノたちがその技を発揮するために競って取り上げる。主題はもちろんモーツァルトがピアノ変奏曲に用いたフランス民謡と同じで、オペラの中ではテノールとバリトンの男声歌手が絡む。CDの演奏は、オブリガート・フルートとの絶妙な絡み合いをみせるグルベローヴァの表情豊かな歌唱が、冴えている。

## ◆シューマン：パガニーニの「カプリース」による演奏会用練習曲

◎伊藤恵（P）（200）〈Fontec〉

パガニーニの演奏を実際に聴いて、シューマンは音楽家の道に進んだという。彼はパガニーニの「二十四のカプリース」に基づいた練習曲を二曲書いているが、この作品十の練習曲は「カプリース」の中から選ばれた五曲を、あくまでもピアノで弾くための練習曲として編曲したものである。とはいえ、ピアニスティックな効果を発揮することも忘れられていない。シューマンを得意にする伊藤恵の演奏は、あくまでも誠実で音楽的な充実感がある。

## ◆シューマン：クララ・ヴィークの主題による変奏曲

◎ウラディーミル・ホロヴィッツ（P）（1969）〈SONY〉

これは一八三六年に完成したシューマンのピアノ・ソナタ第三番で、「管弦楽のない協奏曲」とも呼ばれるほどスケールの大きな構造と響きを持っている。変奏曲の形で書かれたその第三楽章アンダンティーノは、そのハイライトであり、独立した曲としても演奏される。変奏の主題に用いられたのは、後にロベルト・シューマンの妻になるクララが書いた「ロマンス」である。ホロヴィッツは最後のロマンティストと評してもよいほど、哀感を込めて巨大な曲に対して鮮やかなテクニシャンぶりを発揮している。

## ◆シューマン：『二人の擲弾兵』

◎ディートリヒ・フィッシャー＝ディースカウ（Br）、イェルク・デームス（P）（1965）〈DG〉

一八四〇年に作曲された、三曲から成る歌曲集「ロマンスとバラード」第二集の第一曲である。ハイネの詩の内容は、ナポレオン軍がロシアに攻め入ったものの、敗退して故国に退却する様子を描いている。実際に彼が見た学生時代の印象に基づいているという。この曲は最後のクライマックスで、フランス軍を表わす『ラ・マルセイエーズ』が効果的に用いられていることで有名である。フィッシャー＝ディースカウの歌唱は、細部に至るまで歌詞の内容をじっくりと読み込み、バラードにふさわしい劇的な表現が見事という他はない。

**◆ショパン：モーツァルトの『ドン・ジョヴァンニ』の「お手をどうぞ」による変奏曲**

**◎エルダー・ネボルシン（P）、アントニ・ヴィット指揮ワルシャワ・フィルハーモニー管弦楽団（2009）〈Naxos〉**

モーツァルトの歌劇『ドン・ジョヴァンニ』の中の二重唱「お手をどうぞ」を主題にした変奏曲で、冒頭の歌詞から『ラ・チ・ダレム変奏曲』とも呼ばれる。一八二九年ウィーンに出たショパンが最初の演奏会で弾いた曲で、大変な人気を博した。この曲を知ったシューマンが〝諸君、脱帽したまえ、天才だ！〟と評したこともあり、習作ともいえる曲ながら広く好まれている。序奏、主題、五つの変奏、コーダから構成されており、独奏ピアノの華やかな装飾が耳に心地よい。伴奏オーケストラは常識的だが、それなりに華やかさを添える。ネボルシンのピアノは堂々としており、ヴィットの指揮にも風格がある。

**◆ショパン：バレエ音楽『レ・シルフィード』**

**◎ロイ・ダグラス編　ヘルベルト・フォン・カラヤン指揮ベルリン・フィルハーモニー管弦楽団（1961）〈DG〉**

『レ・シルフィード』とは〝空気の精〟という意味で、ショパンのピアノ曲をバレエのためにオーケストレーションした作品として名付けられた。内容的にはグラズノフが、ショパン追悼のために一八九三年に編曲した『ショパニアーナ』と同じである。それはともかく、現在実際にバレエで広く演奏されるのが一九三六年に編曲されたこのダグラス版で、グラズノフよりも多い全八曲から成っている。カラヤンの指揮はゆっくりとしたテンポで、たっぷりと旋律線を歌いあげる華麗な演奏である。その表情の豊かさはさすがである。

### ◎ロジェ・デゾルミエール編　ロジェ・デゾルミエール指揮パリ音楽院管弦楽団（１９５０）
### 〈Ｌｏｎｄｏｎ〉

ダグラス以外の編曲で今日聴くことが出来る数少ない編曲の一つが、フランスの名指揮者デゾルミエールがオーケストレーションしたこの編曲である。ダグラス版にある冒頭の前奏曲をカットした七曲で構成されている。第二曲の「ワルツ」作品七十の二などでは木管楽器を浮かび上がらせ、他の曲でも和音がぶ厚くならないような編曲上の工夫もみられる。音質は古いものの、デゾルミエールの指揮にはリズムに弾みがある。

### ◎マルコム・サージェント編　マルコム・サージェント指揮コヴェントガーデン王立歌劇場管弦楽団（１９６２）
### 〈Ｇｕｉｌｄ〉

イギリス人の編曲による『レ・シルフィード』は珍しいが、これは一九六二年コヴェントガーデン歌劇場で、このバレエがサージェントの指揮で上演された際に新たに編曲されたものである。ＢＢＣプロムスの指揮者として広い人気を博していた名指揮者サージェントの編曲だけに、好評をもって迎えられ、上演直後にこの録音が行われた。内容はダグラス版と同じ八曲がそのまま配列されているが、オーケストレーションはロマン的な色付けが濃く、サージェントのゆったりとした指揮にマッチしている。

**◆リスト：死の舞踏**

**◎ジョルジュ・シフラ（P）、アンドレ・ヴァンデルノート指揮フィルハーモニア管弦楽団（1964）〈EMI〉**

この曲の構想の動機になったのは、リストが一八三八年イタリアに楽旅した際に、ピザの墓地で『死の勝利』という絵画を観たことに始まる。曲が完成したのはそれから十一年後の一八四九年で、最終稿は五九年になって出来上がった。グレゴリア聖歌の『ディエス・イレ』を主題にした変奏曲で、この聖歌はベルリオーズをはじめとする多くの作曲家たちの作品に用いられている。シフラはリストの再来と謳われたハンガリーのピアニストで、それこそピアノが壊れるかと思われる程、あらん限りの力を振り絞った熱演で、祖国の大先輩に対する敬意を表わしている。

**◆リスト：「パガニーニによる超絶技巧練習曲」第三番嬰ト短調『ラ・カンパネッラ』**

**◎ジョルジュ・シフラ（P）（1950代後半）〈EMI〉**

リストのピアノ曲を代表するほどポピュラーな名曲だが、原曲はパガニーニのヴァイオリン協奏曲第二番の第三楽章に基づく一種の幻想曲である。一八三八年に作曲された。リスト弾きと呼ばれるピアニストは多いが、ハンガリー出身のシフラの超人的なテクニックを駆使して豪快に弾き切る手腕には、ただ感嘆させられるのみである。

◆リスト：モーツァルトの『ドン・ジョヴァンニ』の回想

◎アレクサンドル・メルニコフ（P）（2017）〈HMF〉

リストが他人の作品をピアノ曲に編曲した例は枚挙にいとまがないが、一八四一年に作曲されたこの曲は曲名から分かるように、原曲をただピアノ用に編曲したものではなく、モーツァルトの歌劇の中のいくつかの旋律を自由に用いて、自分流に処理した超難曲として知られている。メルニコフの演奏は、一八七五年製ベーゼンドルファーのピアノを用いた低音の豊かな響きが特徴で、独自の現代的な感覚でもって鮮やかに弾き切っている。

◆リスト：ヴェルディの『リゴレット』による演奏会用パラフレーズ

◎エリーザベト・レオンスカヤ（P）（1981）〈Amadeo〉

これは『リゴレット』の中の第三幕の有名な四重唱を題材に、様々な技巧を取り入れて、演奏効果十分な華やかな曲に仕上げられている。一八五九年に作曲された。リストもパガニーニと同様に幻想曲、変奏曲、回想、パラフレーズなどという性格的な表示を曲名に使っているが、内容として大きな違いはない。レオンスカヤのピアノには微妙なニュアンスが色付けされていて、決して逞しく華々しいだけの演奏には終わっていない。

◆リスト：『ウィーンの夜会』第六番

◎イリーナ・メジューエワ（P）（1998）〈Denon〉

『ウィーンの夜会』はシューベルトが書いたワルツ、レントラー、ドイツ舞曲などの舞曲集から多くの楽想を得てリストが自分の作品として書き上げたものである。第六番はその中でも有名な曲であり、原曲となっているのはシューベルトの『高雅なワルツ』D969の第九番、第十番などである。一八五二年頃の作品だが、カデンツァは八三年に追加された。シューベルトの舞曲はすでに実用音楽から芸術の域にまで高められているが、リストの曲はさらに華麗な演奏会用のショーピースになっている。メジューエワの演奏はいささかも曲におもねることなく、清楚なアプローチに徹している。

### ◆リスト：『システィーナ礼拝堂にて』

**◎武田美和子（P）（2004）〈PAM〉**

この曲はアレグリの讃美歌『ミゼレーレ』とモーツァルトのモテット『アヴェ・ヴェルム・コルプス』という二曲を素材にして、リストが一つのピアノ曲に編曲したものである。実はアレグリの『ミゼレーレ』とモーツァルトとは深いつながりがある。それは十四歳のモーツァルトが初めてイタリア楽旅をした時に、ヴァチカンのシスティーナ礼拝堂を訪れ、アレグリの九声部からなる二重合唱曲『ミゼレーレ』を、一度聴いただけで一音の間違いもなく譜面に書き写したといわれる。その天才ぶりに驚嘆したローマ教皇は、モーツァルトに勲章を与え、この曲の門外不出を解禁した。ア・カペラの『ミゼレーレ』とオルガン、弦楽合奏を伴う混声四部合唱のモテット『アヴェ・ヴェルム・コルプス』を結びつけるアイディアは、リストがローマで聖職者への道に励んでいた一八六二年当時だからこそ、思い付いたものだろう。『アヴェ・ヴェルム・コルプス』の中間部は、いかにもリストらしい難技巧が凝らされている。ピアノ独奏版の他に、ピアノ連弾曲版、オルガン版、管弦楽版もある。武田美和子の演奏は作品にふさわしい十分な技巧と情感を併せ持っている。

### ◆ワーグナー：言葉のない『指環』

**◎ロリン・マゼール編　ロリン・マゼール指揮ベルリン・フィルハーモニー管弦楽団（1987）〈Telarc〉**

交響的合成というキャッチフレーズでマゼールが、ワーグナーの『ニーベルングの指環』全四作の中から二十曲を選んで、一つのオーケストラ曲としてまとめた、いわゆる接続曲である。何よりもベルリン・フィルが、総力でもって演奏したスケールの大きさに圧倒される。別に映像版でも観られるが、それによれば、マゼールの華麗な指揮ぶりを含めて、視覚的にも見せる要素が強い演奏で、一時間十分もの大作を飽きさせずに聴かせてみせる。

### ◆ワーグナー：オーケストラル・アドヴェンチャー『ニーベルングの指環』

**◎ヘンク・デ・フリーヘル編　エド・デ・ワールト指揮オランダ放送フィルハーモニー管弦楽団（1992）〈RCA〉**

一九九二年、オランダ放送フィルのドイツ楽旅のために、同楽団の打楽器奏者デ・フリーヘルによって編曲された。マゼール版と同様『ニーベルングの指環』四部作の中の、重要なオーケストラのモティーフが用いられている。ただ十四の部分から成る各一作は比較的長く、マゼール版よりも原曲全体の凝縮であることを意識したものになっている。オーケストラの楽器用法は原曲とほぼ同じで、声楽パートを含む場合、それは木管楽器に置き替えられている。デ・ワールトの指揮は堅実でこれみよがしの所はなく、ワーグナーの音楽のエッセンスを味わうに不足はない。

### ◆エルンスト：シューベルトの『魔王』による大奇想曲

◎ヴィルデ・フラング（Vn）（2019）〈Warner〉

モラヴィア生まれのエルンストはパガニーニの演奏を聴いて大きな感銘を受け、ヴァイオリンの道に邁進した。そして超絶技巧の持主としてパガニーニの後継者とみなされるに至った。この曲は一八五四年の作品であるが、原曲となったシューベルトの歌曲のピアノ伴奏部も、一本のヴァイオリンに託された超難曲であり、エルンストの代表曲となっている。ムターに認められて以来、スター街道をひた走っているフラングであるが、その鮮やかな指捌きはここにはっきりと刻まれている。

◆ブリッチャルディ：ヴェルディの『椿姫』による幻想曲

◎高木綾子（Fl）、新イタリア合奏団（2002）〈Denon〉

作曲者ブリッチャルディは、フルートのパガニーニと称された高名なフルート奏者であり、協奏曲や室内楽曲などの作品を残している。その他に先人の作曲家が残したオペラの旋律に基づく変奏曲や幻想曲などが数多い。それらの多くは忘れ去られてしまったが、これは原曲が有名であるため今日でもしばしば演奏される。高木綾子の演奏は、安易に作品に寄りかかることがなくて新鮮である。新イタリア合奏団のアンサンブルも切れが良い。

◆ジャック・オッフェンバック：バレエ音楽『パリの喜び』

◎マニュエル・ロザンタール編　マニュエル・ロザンタール指揮モンテカルロ・フィルハーモニー管弦楽団（1996）〈Naxos〉

ドイツのケルン近郊で生まれたオッフェンバックは、十四歳でパリに出てチェリストとして活躍、後に自らブッフ・パリジャン劇場を手に入れ、ここを本拠に数多くの自作のオペレッタを上演してパリの人気者になった。それらのオペレッタの中から楽しくも美しいメロディを選んで、指揮者であり作曲家でもあるロザンタールが作り上げたのが、このバレエ音楽である。一九三八年モンテカルロ・ロシア・バレエ団によって初演されて大成功を収めた。序曲を含めて二十四曲から成る。録音はロザンタールの指揮であるが、すでに九十二歳という高齢でもあり、必ずしも軽快な音楽が本来持つ楽しさを存分に発揮しているとは言い難いが、作品そのものを知ることでは十分な役割を果たしている。

**◆クララ・シューマン：ロベルト・シューマンの主題による変奏曲**

**◎岩井美子（P）（1996）〈Naxos〉**

死の病床にあった夫ロベルトの四十三歳の誕生日に、彼を励ますために作曲された一八五三年の作品である。主題に用いられたのはシューマンの『色とりどりの小品』の第四曲で、七つの変奏から成る。岩井美子の演奏は細やかな神経が通った落ち着きを持っている。

**◆J・シュトラウスⅡ：バレエ音楽『卒業記念舞踏会』**

**◎アンタル・ドラティ編　アンタル・ドラティ指揮ウィーン・フィルハーモニー管弦楽団（1976）〈Decca〉**

このバレエは、ワルツの都ウィーンの寄宿学校の卒業記念舞踏会を舞台にした恋物語というストーリーを持ち、シュトラウスの『加速度ワルツ』、『常動曲』、『トリッチ・トラッチ・ポルカ』などの有名曲から演奏される機会の少ない曲まで、指揮者ドラティが十三曲を選んでバレエ音楽として編曲したものである。その点でオッフェンバックの『パリの喜び』に通ずるものがある。この曲が出来た当時の一九三九年、ドラティはバレエ・リュス・モンテカルロの指揮者であったが、バレエは翌四〇年オーストラリアのシドニーで初演された。録音はウィーン・フィルのまろやかな音が、ドラティのリズミカルな指揮に導かれて、生き生きとした演奏になっている。

◆ブラームス：大学祝典序曲

◎クラウディオ・アバド指揮ベルリン・フィルハーモニー管弦楽団（1970）〈DG〉

この曲は一八七九年にブレスラウ大学から名誉博士の称号を受けたブラームスが、そのお礼として翌年に作曲した。当時大学生たちの間で愛唱されていた、いくつかの学生歌を主題としてつなぎ合わせたものである。ブラームス自身〝学生歌のスッペ風に作られた元気な接続曲〟と呼んでいる。深刻な作品の多いブラームスにしては珍しく快活で、陽気な曲である。アバドの指揮は引き締まった表情を持ち、あくまでも格調の高さを誇っている。

◆ブラームス：ハイドンの主題による変奏曲

◎ヘルベルト・フォン・カラヤン指揮ベルリン・フィルハーモニー管弦楽団（1976）〈EMI〉

一八七三年に作曲され、オーケストラ版と二台のピアノ版の二版があり、特にオーケストラ版はブラームスの代表的なオーケストラ作品になっている。主題として用いられたのは、ハイドンが軍楽隊のために書いたディヴェルティメント変ロ長調の第二楽章の主題である。ブラームスはその主題と八つの変奏に終曲を加えて作品を完成した。両版ともほぼ同時に出来上がったが、ピアノ曲には五六bという作品番号がつけられているので、オーケストラ版の方が先に出来上がったものと考えられる。主題に選んだ楽想といい、変奏の技巧といい、極めて充実した作品である。演奏はカラヤンの入念な指揮ぶりが光り、この曲の真価を一段と高めている。

**◎マルタ・アルゲリッチ、アレクサンドル・ラビノヴィチ（P）（1993）〈Teldec〉**

この曲のオーケストラ版は、ブラームスの変奏技術の見本的な作品としてしばしば演奏されるのに対して、二台のピアノ版は比較的地味な作品なので、演奏される機会はさほど多くない。アルゲリッチはこの録音が行われた頃、ラビノヴィチとピアノ・デュオを組んでおり、息の合ったアンサンブルは改めてこの曲の素晴らしさを教えてくれる。

## ◆ブラームス：ヘンデルの主題による変奏曲とフーガ

**◎ブルーノ・レオナルド・ゲルバー（P）（1992）〈Denon〉**

この曲は変奏曲の大家であったブラームスのピアノ作品の中でも代表的な傑作とされる。また彼のバロック音楽に対する見識の高さは、原曲に必要以上の装飾を施すことなく、緊密な集中力でもって全体がまとめられていることで分かる。原曲はヘンデルの『レッスン』と呼ばれたクラヴィーア曲集第二巻第一曲の第二楽章で、それは主題のアリアと五つの変奏となっているが、ブラームスの曲はこの主題を基に、様々なバロック様式を駆使した性格的な二十五の変奏とフーガが続く。作品はシューマン未亡人のクララに贈られた。ゲルバーのピアノは重厚かつ濃密な表現で、ずっしりとした重みを持っている。

## ◆ブラームス：パガニーニの主題による変奏曲

◎エリーザベト・レオンスカヤ（P）（1997）〈Teldec〉

この『パガニーニ変奏曲』は、『ヘンデル変奏曲』と並ぶブラームスの傑作の一つであり、ブラームス自ら〝精巧な指のための練習曲〟と言っているように、ピアノのあらゆる技巧が詰め込まれた巨大な練習曲である。主題はパガニーニの無伴奏ヴァイオリンのための「カプリース」の第二十四番から採られ、それぞれ主題と十四の変奏から成る二巻に分かれている。ブラームスを得意にするレオンスカヤは、重量感と流動感を兼ね合わせたひたむきさで以って、見事に弾き切っている。

## ◆ヴィエニャフスキ：『モスクワの思い出』

◎ミッシャ・エルマン（Vn）、ウラディーミル・パドゥワ（P）（1937）〈RCA〉

一八六〇年から十年余りモスクワに在住していたヴィエニャフスキが、この地でしばしば耳にしたロシア民謡『赤いサラファン』を主題に、カデンツァを加えて作曲した一種の幻想曲である。短い小品であるが、ヴィエニャフスキの作品の中で最も親しまれている。エルマンの演奏は今では歴史的録音であるが、艶やかな音色でたっぷりとした歌い回しを見せる独特のロマンティックなヴァイオリンは、一世を風靡した。来日時の録音。

## ◆ヴィエニャフスキ：『ファウスト』の主題による華麗な幻想曲

◎ウルフ・ヘルシャー（Vn）、ハインツ・ヴァルベルク指揮ミュンヘン放送管弦楽団（1978）〈Warner〉

一八六八年に出版された作品で、グノーの歌劇『ファウスト』の中の旋律を主題にした技巧的な幻想曲である。序奏に加えて劇中に出で来るファウストをはじめ、メフィストフェレ、マルガレーテ、シーベルなど主要登場人物のアリアの旋律などを、効果的に用いた五つの部分から成っている。ヘルシャーのヴァイオリは録音のせいかハイ・ポジションなど特別な美音とはいえないが、超難曲に対して誠実に向かい合っている。

### ◆ワルトトイフェル：ワルツ『スペイン』

#### ◎マリス・ヤンソンス指揮ウィーン・フィルハーモニー管弦楽団（2016）〈SONY〉

この曲はエマニュエル・シャブリエがスペイン旅行の印象をもとに、一八八三年に発表した狂詩曲『スペイン』が下敷きになっている。それは八分の三拍子で書かれながら、二拍子に聴こえる独特な変リズムを持っていることで知られるが、ワルトトイフェルは三年後の八六年にそれをワルツとして書き直したもので、メロディの殆どはシャブリエの原曲をそのまま用いている。二三六というワルトトイフェル自身の作品番号を持つが、つまりは編曲である。ヤンソンスのCDはニューイヤー・コンサートのライヴで、演奏は立派である。

### ◆チャイコフスキー：大序曲『一八一二年』

#### ◎ヘルベルト・フォン・カラヤン指揮ベルリン・フィルハーモニー管弦楽団、ドン・コサック合唱団（1967）〈DG〉

ナポレオンの大軍は一八一二年ロシアに侵攻、モスクワに迫った。しかしロシア軍の徹底抗戦、加えて冬季に入っての大雪のために総撤退を余儀なくされ大敗を喫した。この曲はその模様を描いた七十年後の作品であるが、進攻したナポレオン軍を表わす『ラ・マルセイエーズ』の断片をホルンが威勢よく吹奏し、それがロシア軍を表わす四つの民俗的な主題によって鎮圧されてゆく。ただこの戦争当時『ラ・マルセイエーズ』は未だフランス国歌ではなかった。野外演奏用にカノン砲が含まれる。カラヤンの演奏は冒頭にドン・コサック合唱団のコーラスを加えて荘厳さをアピールするなど、巧みな演出が効果的である。

◆チャイコフスキー：組曲第四番『モーツァルティアーナ』

◎ネヴィル・マリナー指揮シュトゥットガルト放送交響楽団（1987）〈Capriccio〉

チャイコフスキーは数年をかけて四曲のオーケストラ用の組曲を作曲した。その第四番は一八八七年の作品で、若い頃から尊敬していたモーツァルトの音楽を題材にした四曲で構成されている。その原曲は、第一曲がピアノ曲「小さなジーグ」Ｋ５７４、第二曲もピアノ曲「メヌエット」Ｋ３５５、第三曲の『祈り』はモテット『アヴェ・ヴェルム・コルプス』Ｋ６１８であるが、これはリストがピアノ用に編曲した『システィーナ礼拝堂にて』に基づいている。そして第四曲はピアノのための「グルックの歌劇『メッカの巡礼』の主題による十の変奏曲」Ｋ４５５を用いて、華麗な終曲としている。マリナーの指揮はあくまでも品が良く、チャイコフスキーの作品の中でもユニークなこの曲の演奏としては、安心して聴くことが出来る。

◆ボルン：『カルメン』による華麗な幻想曲

◎イレーナ・グラフェナウアー（Fl）、マイケル・グラント（P）（1989）〈PH〉

ビゼーの歌劇『カルメン』は後々まで多くの作曲家や演奏家を魅了し、それを題材にした作品が数多く生み出されている。これはフルート作品として最も有名なものの一曲である。作曲家ボルンはボルドー管弦楽団の首席フルート奏者だったが、一説ではベルギーの作曲家フェルナン・ル・ボルンの作品だという。いずれにせよフルートの細かい音の動きを最大限に生かした作品で、『カルメン』の劇中の旋律が次々に現れる華々しい作品である。グラフェナウアーの演奏も技巧が冴えており、存分に楽しめる。しかも女性らしい細やかなセンスを聴きとることが出来る。

### ◆サラサーテ：『カルメン幻想曲』

◎アンネ＝ゾフィー・ムター(Vn)、ジェイムズ・レヴァイン指揮ウィーン・フィルハーモニー管弦楽団（1992）〈DG〉

フルートのボルンに対して、これは世紀のヴァイオリンの名手の一人であったサラサーテが、自分の技巧を誇示するために書いた一八八三年の作品である。『カルメン』の中の五つの旋律を用いて、序奏と四つの部分から構成されたパラフレーズである。ムター盤は原曲通りのオーケストラ版による演奏であり、たっぷりとした音を生かした精妙なヴァイオリンをレヴァインの指揮が盛りたてている。

### ◆グラズノフ：バレエ組曲『ショピニアーナ』

◎ウラディーミル・アシュケナージ指揮ベルリン・ドイツ交響楽団（1997）〈London〉

オーケストレーションに優れた腕前を持っていたグラズノフは、他人の作品のオーケストラ編曲にも取り組んだ。この曲はショパンを追悼するために一八九三年に編曲された。ショパンの様々な曲の中から、ポロネーズ、ワルツ、ノクターン、マズルカ、タランテラの五曲が選ばれており、一九〇七年ミハイル・フォーキンの振付によってバレエ上演で用いられた。指揮をしているアシュケナージはピアニストとしてもショパンで大きな名声を博した。それだけに曲の特性をよく理解しているのは当然で、実にビューティフルな演奏である。

◆グラズノフ：交響詩『ステンカ・ラージン』
◎ネーメ・ヤルヴィ指揮スコティッシュ・ナショナル管弦楽団（1986）〈Chandos〉

ロシアの国民主義的な作曲家であるグラズノフは、チャイコフスキーの後継者と目され、オーケストレーションに優れた手腕を発揮した。この曲はグラズノフの交響曲第一番の支持者であったリストに対する敬意から、彼が創始した交響詩の形をとった作品になっている。二十歳の時の一八八五年の作品で、ロシア民謡『ヴォルガの舟歌』を主題に、官僚機構に反抗したステンカ・ラージンにグラズノフ自身の心境が投影されており、出版に際してはボロディンに捧げられた。ヤルヴィの指揮はあくまでも率直に作品の根源的な意味を問うている。

◆フバイ：ビゼーの『カルメン』による華麗な変奏曲
◎リヴィン・ソーン（Vn）、ベンジャミン・ローブ（P）（2006）〈Naxos〉

フバイはハンガリー出身のヴァイオリニスト兼作曲家で、門下にはヨーゼフ・シゲティなどがいる。『カルメン』は後のちまで多くの作曲家や演奏家にインスピレーションを与えたが、この曲は一八七七年の編曲作品である。劇中のメロディに華麗な装飾を加えた接続曲風に書かれている。演奏しているソーンはやや線が細く妙技性には乏しいが、作品の輪郭を知るに不足はない。

◆イザイ：無伴奏ヴァイオリン・ソナタ第二番イ短調
◎潮田益子（Vn）（1993）〈Fontec〉

イザイは十九世紀後半から二十世紀冒頭にかけて活躍した、フランコ＝ベルギー派の伝統を継ぐ名ヴァイオリニストで、作曲や指揮にも実績を残した。彼はヨーゼフ・シゲティが弾くバッハの無伴奏ソナタとパルティータに感銘を受けて、一九二四年のある日、一気に六曲の無伴奏ヴァイオリン・ソナタのスケッチを書きあげた。翌年完成して出版され、各曲はイザイと親交ある当時の名ヴァイオリニストたちに献呈された。第二番はフランスの名ヴァイオリニストのジャック・ティボーに献呈された。四楽章で構成され、各々は標題を持つが、全体はグレゴリア聖歌「ディエス・イレ」を主題として、循環形式風にまとめられている。また第一楽章「妄執」の冒頭は、バッハのパルティータ第三番の「前奏曲」が引用されている。潮田益子のヴァイオリンはことさら技巧を誇示することはなく、情熱を内に秘めたかのような演奏である。つまり自然体と言えるのだろう。

### ◆アレンスキー：チャイコフスキーの主題による変奏曲

**◎ジョン・バルビローリ指揮ロンドン交響楽団（１９６４）〈ＥＭＩ〉**

アレンスキーはチャイコフスキーを深く敬愛しており、一八九四年にこの大先輩の死を悼んで、ヴィオラ、チェロ各二部という編成から成る弦楽四重奏曲第二番イ短調を作曲した。それはチャイコフスキーが一八八三年に作曲した「十六の歌曲集」の第五曲『聖史曲（幼いキリストは自分の庭の中に）』が主題に用いられている。アレンスキーはこの弦楽四重奏曲の第二楽章をさらに発展させた形で、主題と九つの変奏とコーダを持つ独立した弦楽合奏用の作品を完成した。したがって弦楽四重奏曲の作品番号が三十五であるのに対し、これは三十五ａとなっている。バルビローリの指揮はさすがに巨匠らしい風格を持ち、原曲のチャイコフスキーの精神に肉薄している。演奏はキント・マガニーニの校訂版による。

◆R・シュトラウス：交響的幻想曲『イタリアより』
◎ファビオ・ルイージ指揮ドレスデン国立管弦楽団（2008）〈SONY〉

リヒャルト・シュトラウスは一八八六年、ブラームスに勧められて初めてイタリア各地を訪れた。その旅行で受けた強烈な印象を元に生まれたのがこの曲である。四つの曲から成り、それぞれに具体的な標題が付いている。その最終曲『ナポリ人の生活』には有名な『フニクリ・フニクラ』のメロディが引用され、オーケストラは大きな盛り上がりを見せる。イタリア人指揮者ルイージは快活な表現というよりも、奥行きの深い響きを持つ優れたオーケストラを率い、こくのある演奏を聴かせている。

◆ゴドフスキー：ショパンの練習曲に基づく五十三の練習曲
◎コンスタンティン・シェルバコフ（P）（2019）〈MarcoPolo〉

ゴドフスキーは十九世紀末から二十世紀の、第一次大戦終了頃にかけて活躍したポーランド系のピアノの巨匠だった。作曲にも関心を持ち、精巧な対位法、半音階的な和声などを用いて多くの作品を編曲した。その中でもよく知られているのがこの曲で、左右の手の転換、二曲の同時演奏など様々な手法を用いて、過酷な技巧を強いる作品に仕上げた。一八九三年頃の作品で、左手の練習を目的にした曲では左手だけで弾く場合もあり、比較的易しい曲から超難曲まで変化に富んでいる。CDには全五十三曲中の二十五曲が収録されているが、技巧派シェルバコフの演奏でも、この曲がいかに難曲であるかを知ることが出来る。

◆ヴォーン＝ウィリアムズ：『グリーンスリーヴズ』による幻想曲
◎アーサー・フィードラー指揮ボストン・ポップス管弦楽団（1960頃）〈RCA〉

イギリスの国民主義作曲家として知られるV＝ウィリアムズの広く知られた曲である。シェイクスピアの戯曲『ウィンザーの陽気な女房たち』を原作として、一九二七年に完成した歌劇『恋するサー・ジョン』の第四幕の間奏曲を、幻想曲として独立させたものである。グリーンスリーヴズとは緑の袖の衣装をまとった浮気女のことで、音楽はそのような女たちを歌ったイギリス民謡である。フィードラーは、フルートとハープで始まる伸びやかな音楽を率直に表現した親しみ易さに溢れ、気軽に楽しむにふさわしい演奏である。

## ◆レーガー：モーツァルトの主題による変奏曲とフーガ

◎ヘルベルト・ブロムシュテット指揮ドレスデン国立管弦楽団（1980）〈Profil〉

これはブラームス以降のもっとも重要な変奏曲作家であったレーガーの代表作である。比較的晩年の一九一四年の作品であり、近代の対位法の基礎を作った作曲家にふさわしい技法と、擬古典的な作風とが結びついている。主題に用いられたのは、『トルコ行進曲付き』として知られるモーツァルトのピアノ・ソナタ第十一番の第一楽章である。曲は主題と八つの変奏と終曲のフーガから成る。ブロムシュテットの指揮はあくまでも堅実で、このように厳格な形で書かれた曲では、その骨格を明確な姿で表現している。

## ◆ラフマニノフ：五つの『音の絵』

◎オットリーノ・レスピーギ編　ジャナンドレア・ノセダ指揮BBCフィルハーモニック（2005）〈Chandos〉

この曲はラフマニノフのピアノ練習曲『音の絵』作品三十三と三十九の中から選ばれた五曲を元にしている。ただし任意に選ばれた独立した五曲の並列ではなく、この五曲でもって一つの曲として意図された創作的な作品である。編曲の契機は一九二九年ボストン交響楽団の指揮者セルゲイ・クーセヴィツキーの提案によるもので、以前彼がラヴェルにオーケストレーションを依頼して大成功を収めたムソルグスキーの、『展覧会の絵』を念頭に置いていたといわれる。初演は一九三一年十二月ボストン響によって行われた。ノセダの指揮はたっぷりとオーケストラを歌わせ、原曲とは異なったダイナミックな演奏効果を引き出している。ラフマニノフの音楽のメロディックな要素もよく知ることが出来る。

## ◆ホルスト：組曲『惑星』～「冥王星」

**◎コリン・マシューズ補作　マーク・エルダー指揮ハレ管弦楽団・女声合唱団（2001）〈Hyperion〉**

ホルストが『惑星』の作曲を完成させたのは一九一六年だった。当時未だ冥王星は発見されていなかったので、当然ながらこの曲に「冥王星」は含まれなかった。そして冥王星が発見された一九三〇年にホルストはまだ存命だったが、彼はもう作曲する意欲を持っていなかった。そこで『惑星』初演後八〇年を経た二〇〇〇年に、指揮者ケント・ナガノとハレ管はマシューズに委嘱して、「海王星」に続くべき曲として出来上がったのが「冥王星～再生する者」である。このようにして生まれ変わった新『惑星』だが、「冥王星」は前曲「海王星」から切れ目なく演奏される。余談ながら現在では冥王星は惑星ではなくて準惑星に位置付けられている。エルダーの指揮は引き締まった緊張感を持ち、「冥王星」を含む初の全曲録音として極めて高い水準にある。

## ◆ホルスト：日本組曲

◎ジョアン・ファレッタ指揮アルスター管弦楽団（2011）〈Naxos〉

ホルストは一九一五年ロンドンで活躍する日本人振付師兼ダンサーの伊藤道郎の依頼を受け、『惑星』の作曲を中断してこの曲を書いた。東洋の異国趣味に関心を持っていたホルストは、主に伊藤の口笛で伝授された日本古謡を採譜して素材に用い、六曲から成るバレエ音楽を完成させた。第一曲の前奏曲と第四曲の間奏曲は「漁夫の唄」と題され、第五曲「桜の木の下での踊り」では『江戸子守歌』がリリカルな雰囲気をもたらしている。一九一六年にロンドンのコリセウムで作曲者の指揮により初演されたが、伊藤が踊ったという記録はない。ファレッタの指揮は必ずしも強い個性を持つものではないが、作品の持つ抒情性を巧みに表現しており、爽やかな味わいを持っている。

## ◆カザルス：『鳥の歌』

◎パブロ・カザルス（Vc）、ミエチスラフ・ホルショフスキー（P）（1961）〈SONY〉

カザルスはケネディ大統領の招きで、一九六一年ホワイトハウスで演奏会を行った。この演奏はその時のライヴであるが、カザルスは演奏に先立って、自分の出身地であるスペインのカタルーニャ（カタロニア）では鳥は〝ピース、ピース〟と鳴くのです、とスピーチして平和を訴えた。これはキリスト生誕を鳥が歌う様子を描いたカタルーニャ地方の、クリスマス・キャロルとして国民的な象徴になっている民謡の編曲であり、二拍子と三拍子が混ざりあったなだらかな音楽は、チェロのアンコール曲として名高い。高齢のカザルスが弾く演奏には心情がこもっている。原曲の民謡はビクトリア・デ・ロス・アンヘレスの録音がある。

## ◆ドホナーニ：童謡の主題による変奏曲

**◎クリスティーナ・オルティーズ（P）、小泉和裕指揮ニュー・フィルハーモニア管弦楽団（1976）〈HMV〉**

ハンガリー出身のエルネー・フォン・ドホナーニのもっとも有名な作品であるが、彼は作品を発表する時は本名のエルネーではなくてエルンストというドイツ名を使用した。一九一四年に発表されたこの変奏曲の主題となった童謡は、モーツァルトやアダンが用いたフランス民謡『おかあさん、聞いてよ』（きらきら星）である。後期ロマン派の作風の曲で、オーケストラによる爆発的な序奏に続いて主題がピアノで演奏され、十一の変奏を繰り返して終曲となる。ピチピチとした躍動的なオルティーズのピアノが印象的な演奏である。

## ◆レスピーギ：『ロッシーニアーナ』

**◎ジャナンドレア・ノセダ指揮BBCフィルハーモニック（2005）〈Chandos〉**

レスピーギはイタリアの大先輩であるロッシーニの音楽に心酔していた。それだけに踊るようなリズムを持つその音楽を、自分の管弦楽作品に取り入れたとしても不思議ではない。これはレスピーギが一九二五年に作曲した組曲であるが、五年前にまとめられたバレエ音楽『風変りな店』に続いて、ロッシーニ晩年の作品である小品集『老いのいたずら（老いの過ち）』の中から選ばれた四曲で構成されている。ノセダはいかにもイタリアの指揮者らしく、たっぷりと音楽を歌わせながら、第一曲の「シチリアーナ」や第四曲の「タランテラ」などで明快なリズム感を発揮している。小さくまとまっていないのが良い。

### ◆ベリソン：モーツァルトの『ドン・ジョヴァンニ』の「お手をどうぞ」の主題による十二の変奏曲

**◎エルンスト・オッテンザマー（Cl）、足立桃子（P）（2000）〈Musikleben〉**

ベートーヴェンはモーツァルトの歌劇『魔笛』の中の旋律を用いて、チェロとピアノのための変奏曲を二曲書いているが、この曲も実はベートーヴェンが一七九七年にモーツァルトの『ドン・ジョヴァンニ』の中の二重唱に基づいて、二本のオーボエとイングリッシュ・ホルンのために作曲した変奏曲が原曲である。それをさらにクラリネットとピアノのための作品として編曲したのが、ロシア生まれのベリソンである。オッテンザマーの演奏はさすがに豊かなキャリアを物語る安定感があり、モーツァルトへの親近感も十分である。

### ◆ストラヴィンスキー：『ペトルーシュカ』からの三楽章

**◎イーゴリ・ストラヴィンスキー編　マウリツィオ・ポリーニ（P）（1971）〈DG〉**

『火の鳥』のバレエ音楽で成功したストラヴィンスキーは、引き続きロシア・バレエ団の依頼によって一九一一年『ペトルーシュカ』を書き上げた。物語は、操り人形ペトルーシュカの悲恋が扱われている。折からピアノ協奏曲の構想を練っていたストラヴィンスキーは、その曲でピアノを活躍させる。その後一九二一年になって、アルトゥール・ルービンシュタインの依頼によってこのピアノ独奏曲が編曲された。バレエは四場から構成されているが、ストラヴィンスキーはその音楽の一部を用いて三つの楽章の曲としてまとめた。楽譜の多くの個所は三段譜や四段譜で書かれた超難曲である。演奏はポリーニの逞しいテクニックが全開の趣があり、そのダイナミックなピアノに圧倒される。

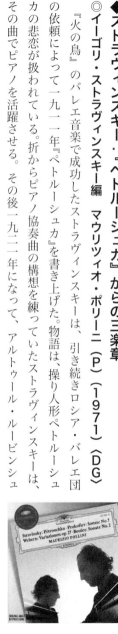

## ◆ストラヴィンスキー：イタリア組曲

◎イーゴリ・ストラヴィンスキー&グレゴリー・ピアティゴルスキー編　グレゴリー・ピアティゴルスキー（Vc）、ルーカス・フォス（P）（1958）〈RCA〉

この曲は自作自演の項で記したように、一九一九年にディアギレフの依頼で、一九二〇年に発表された十八作から成るバレエ曲『プルチネッラ』が原曲である。これには演奏会用の組曲があるが、一九二五年にストラヴィンスキー自ら、ヴァイオリンとピアノのための五曲からなる「ペルゴレージによる組曲」を編曲したが、これはそれとは別に一九三二年に序奏、セレナータ、アリア、タランテラ、メヌエット、終曲の六曲を選んで、チェロの名手とストラヴィンスキーが共同で編曲したもので、「イタリア組曲」と名付けられた。ピアティゴルスキーの演奏は巨匠的な風格たっぷりである。

◎イーゴリ・ストラヴィンスキー&サミュエル・ドゥシュキン編　イツァーク・パールマン（Vn）、ブルーノ・カニーノ（P）（1974）〈Warner〉

一九三三年ストラヴィンスキーは、ヴァイオリン協奏曲の作曲に際して多大な協力を得たドゥシュキンのために、彼と共同で六曲をヴァイオリンとピアノ版として編曲した。曲目は序奏、セレナータ、タランテラ、二つの変奏を伴うガヴォット、スケルツォ、メヌエットと終曲の六曲で構成されている。演奏のパールマンは、艶やかな音色を生かしながら鋭い切れ味を見せるが、ここではカニーノのピアノが絶妙なサポートで、デュオとしての室内楽的な性格を打ちだすのに貢献している。

◎ヤッシャ・ハイフェッツ&グレゴール・ピアティゴルスキー編　ヤッシャ・ハイフェッツ（Vn）、グレゴール・

**ピアティゴルスキー（Vc）（1963）〈RCA〉**

さらにハイフェッツとピアティゴルスキーの共同編曲は、ヴァイオリンとチェロという珍しい弦楽器のデュオであるが、ピアティゴルスキーは既編曲の経験を生かしたものだろう。ヴァイオリン版と同じく序奏、セレナータ、アリア、タランテラ、ガヴォット、メヌエットと終曲の六曲から成る。二つの弦楽器の編成だけに、チェロのパートはもちろん単に伴奏ピアノを置き替えたものではない。盟友とも呼ぶべき二人の巨匠の白熱した演奏は、この曲のイメージを一新するような効果を上げている。

### ◆ハーゼンエール：『もうひとりのティル・オイレンシュピーゲル』

**◎ベルリン・フィルハーモニー八重奏団（1969）〈Decca〉**

題名から想像されるように、原曲はR・シュトラウスの交響詩『ティル・オイレンシュピーゲルの愉快ないたずら』で、この編曲の成立には愉快なエピソードが残されている。それはウィーン・フィルの楽員を囲む愛好家の例会で、一人の楽員がシュトラウス好きの俳優をからかって、シュトラウスの作品二十八が何の曲であるかを尋ねた。彼はその場では返答せず、次回に回答が出来たならばその曲を演奏してもらいましょうと言った。楽員はまさかその会で大編成のオーケストラ曲を演奏出来る筈はないと思っていたところ、次の会合で俳優は知人の作曲家であるハーゼンエールに編曲してもらった室内楽版の楽譜を持って来て、楽員たちを驚かせたというのである。曲はヴァイオリン、コントラバス、クラリネット、ファゴット、ホルンの編成で、原曲の半分ほどの長さに短縮されている。現在では演奏会のアンコールで取り上げられることが多く、ベルリン・フィルの楽員たちによるこの演奏は、実に闊達で作品の面白さを存分に表現している。

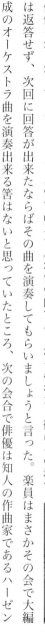

◆デッサウ：交響的変態～モーツァルトの弦楽五重奏曲変ホ長調K614による

◎オトマール・スウィトナー指揮ベルリン国立管弦楽団（1975）〈DG〉

ハンブルク生まれのデッサウは初め主に指揮者として活躍したが、一九三三年ナチスに追放され、アメリカのハリウッドでウォルト・ディズニーの映画音楽に携わったこともある。作曲家としてはシェーンベルクらの作風に影響を受けたが、第二次大戦後は東ベルリンに居住して、社会主義リアリズムに則った作品を書いた。この交響的変態は一九六五年の作品で、モーツァルトの音楽に基づきながらも、ホルン、フルート、打楽器などを活躍させて、原曲とは異なった変化に富んだ色彩豊かな音楽に生まれ変わらせた創作曲である。スウィトナーはモーツァルトを得意にしているだけに、率直で躍動感ある演奏を聴かせる。

◆ホロヴィッツ：『カルメン』の主題による変奏曲

◎ウラディーミル・ホロヴィッツ（P）（1947）〈RCA〉

ホロヴィッツはかつてヴァイオリンのナタン・ミルシテインとロシア国内を楽旅していた時代に、彼がサラサーテの編曲した『カルメン幻想曲』をたびたび演奏するのに刺激を受け、一九二三年にこの作品を作り上げたと言われる。『カルメン』の第二幕の「ジプシーの踊り」と「ジプシーの歌」を主題にした華麗な変奏曲で、もちろんホロヴィッツ自身が弾くための曲である。ホロヴィッツの渾身の力を込めたダイナミックな演奏に圧倒される。

◆ミルシテイン：パガニーニアーナ変奏曲

◎ナタン・ミルシテイン（Vn）（1975）〈DG〉

パガニーニの「カプリース」の最後の第二十四曲を主題にして、七つの変奏をつけたミルシテインのオリジナル曲である。一九五四年ニューヨークで作曲された。原曲は無伴奏ヴァイオリン曲であるが、これも無伴奏である。演奏はミルシテインの冴えた技巧が見事で、それでいて少しも曲芸的に陥ることはない。その透徹した音楽観は見事なものである。

**◆ワックスマン：『カルメン幻想曲』**

**◎ヤッシャ・ハイフェッツ（Vn）、ドナルド・ヴォーヒーズ指揮RCA交響楽団（1946）〈RCA〉**

これもビゼーの歌劇『カルメン』の中の名旋律に基づいた技巧的な作品である。ワックスマンはハリウッドの映画畑の音楽家で、この曲は一九四七年の映画『ユモレスク』の挿入曲として作曲された。映画ではジノ・フランチェスカッティが演奏したが（実はアイザック・スターン）、今では多くの名ヴァイオリニストが弾いている。中でもハイフェッツは切れ味鋭い超技巧をふんだんに駆使した華々しい演奏で、最高の名盤とされている。

**◆グールド：『フォスター・ギャラリー』**

**◎テオドーレ・クチャル指揮ウクライナ国立交響楽団（1999）〈Naxos〉**

モートン・グールドは、古典・ロマン派に連なる通俗的なクラシック音楽とポピュラー音楽を融合したような作風の作曲家として知られる。この曲は彼がCBSラジオの番組ディレクター時代の一九三九年の作品で、スティーヴン・フォスターの有名な歌曲など十曲がメドレー風に綴られている。『草競馬』に始まり、『おお、スザンナ』で終わるが、途中『草競馬』が変奏曲として三回つなぎのように現れる。クチャルとウクライナ響の演奏にも不満はなく、いかにも元気溌剌とした陽気さが身上である。

## ◆ブリテン：組曲『ソワレ・ミュージカル』、同『マチネ・ミュージカル』

◎リチャード・ボニング指揮ナショナル・フィルハーモニー管弦楽団（1981）〈Decca〉

『ソワレ・ミュージカル』は、アメリカ・バレエ団の振付師テューダーの委嘱によって一九三六年に書かれたバレエ音楽で、後に五曲の組曲に直された。一曲目の「行進曲」を除いて、ロッシーニの同名の十二曲から成る歌曲集『ソワレ・ミュージカル（音楽の夜会）』の中の曲を題材にしている。『マチネ・ミュージカル（午後の音楽会）』もバレエ団を主宰するキルスタインの委嘱で一九四一年に作曲された組曲で、やはり同名のロッシーニの歌曲集からの五曲で構成されている。共にブリテンの巧みな編曲によって、ロッシーニの音楽の軽妙さが一段と引き立っている。双子といってもよい作品で、バレエ音楽を得意にするボニング以上にこの曲の演奏にふさわしい指揮者はいないだろう。底抜けに楽しい音楽が繰り広げられている。

## ◆ベリオ：レンダリング

◎クリストフ・エッシェンバッハ指揮パリ管弦楽団（2004）〈Ondine〉

シューベルトは死を迎えた一八二八年にもう一曲の交響曲を書こうと作業に取り掛かった。だがそれは叶うことなく、三楽章分の断片的なスケッチだけが残された。でもそれには交響曲ニ長調D936Aという作品番号が付けられている。ベリオはこれを補筆して完成版を作ろうと意図したが、それが不可能だと判断、自分の様式を駆使して、シューベルトのスケッチをつなぎ合わせて完成させたのがこの作品である。したがってシューベルトの音楽の合間に前衛的な音楽が顔を覗かせるという興味深い曲になっている。一九九〇年ベリオ最後の作品である。『レンダリング』とは〝解釈〟とか〝翻訳〟とかいう意味の一般名詞で、近年はITの世界で広く使われている言葉だという。エッシェンバッハはかなり大胆に表情を付けて飽かせずに聴かせる。

# 四．合作

## ◆バッハ&グノー：アヴェ・マリア

◎レオンティン・プライス（S）、ヘルベルト・フォン・カラヤン指揮ウィーン・フィルハーモニー管弦楽団、ウィーン楽友協会合唱団（1961）〈Decca〉

◎キャスリーン・バトル（S）、レナード・スラトキン指揮セント・ルークス管弦楽団、ナンシー・アレン（Hp）、ジョージ・ミムス（Or）（1986）〈EMI〉

この曲は一八五九年にグノーが作曲した『アヴェ・マリア』の伴奏として、バッハの『平均率クラヴィーア曲集』第一巻第一番の「前奏曲」が用いられている。それが余りにもぴたりと合っており、一世紀半ほどの歴史の年月を結びつけた特殊な例である。カラヤンの指揮でプライスが歌った演奏はいかにも華麗すぎるともいえようが、その中にも敬虔な祈りが忘れられているわけではない。ただサバティーニによるオーケストラ編曲は、本来分散和音的な伴奏部が豊かなハーモニーに取って代わっている。その点でミヒャエル・ギブソンの編曲によるバトル盤は、オーケストラにハープとオルガンが加わっているので、バッハの原曲の味わいが程良く生かされている。

## ◆モーツァルト&ワーグナー：アイネ・クライネ・バイロイト・ナハトムジーク

◎アルトゥール・クリング指揮バイロイト祝祭管弦楽団員（1993）〈Champion〉

これも前記の『アヴェ・マリア』と同じく、モーツァルトとワーグナーは同時代の人物ではないので、厳密な意味で合作ではない。しかも指揮をしているクリングがモーツァルトの『アイネ・クライネ・ナハトムジーク』をベースに、ワーグナーのオペラの様々な動機を組み合わせて一つの音楽にまとめたものである。モーツァルトとワーグナーの音楽が

頻繁に入れ替わるので落ち着かない要素もあるが、一種のユーモア音楽として編曲されたもので、熱列なワーグナー信者向きというよりも、余裕を持ってワーグナーを聴く人にふさわしい。演奏はもちろんワーグナーのヴェテラン揃いで、彼らも楽しんで弾いているようである。なお、クリングはシュットガルト国立管弦楽団のコンサートマスターで、一九六四年以来長らくバイロイト音楽祭に参加していた。

### ◆ベートーヴェン/ディアベッリ&ツェルニー&フンメル&リスト&F・X・モーツァルト&シューベルト&モシュレス&ルドルフ大公、他計五十人：ディアベッリの主題による変奏曲

◎ルドルフ・ブッフビンダー（P）（1973）〈Warner〉

アントン・ディアベッリは一八一八年に自ら作曲したワルツをテーマに、当時活躍する五十人の作曲家に変奏曲を依頼し、自ら経営する楽譜出版社から変奏曲集を出版しようと考えた。この時ベートーヴェンはその求めに応じなかったので、他の四十九人が参加して出来上がったのが「ディアベッリ変奏曲」である。その内容は主題に基づいてただ一つだけの変奏を書いた人もいれば、いくつかの変奏を連ねてまとまった変奏曲として書いた作曲家もいる。それだけに演奏時間に長短があるものの、作曲家たちの個性が発揮されていて面白い。その後一八二三年になってベートーヴェンは同じ主題をテーマにして、変奏が変奏を生んで行くような三十三の変奏を持つ特異な大作を一人で書きあげた。その結果「ディアベッリの主題による変奏曲」は二巻存在する。ブッフビンダーのCDはこの二巻の作品をひとまとめに収録している。若き日の録音だけに昨今の巨匠的な余裕たっぷりの演奏とは異なり、ウィーンの新進ピアニストとしての意欲たぎる新鮮さが清々しい。

◆リスト&タールベルク&ピクシス&エルツ&ツェルニー&ショパン：「ヘクサメロン」～ベッリーニの歌劇『清教徒』の「行進曲」による華麗な変奏曲

◎ヨアン・ブランシャール、レオン・ブッヒェ、カルロス・ゴイコエチェア、カロリーヌ・ソリュー、吉兼加奈子、クラウディウス・タンスキ（P）（2012）〈MDG〉

この曲はパリに亡命中のイタリア貴族、クリスティーナ・トリヴルツィオ・ディ・ベルジョイオーゾ侯爵夫人が、自分のサロンで開いていた慈善演奏会のためにリストに構想を持ちかけて生まれた。リストは五人の作曲家に呼び掛けて作曲が進められたが、予定されていた一八三六年の慈善演奏会にはショパンの作曲が間に合わず、また呼び物のリスト、タールベルクの名人技の対決も実現しなかった。『ヘクサメロン』とはギリシャ語で『六日物語』の意味で、六人の作曲家による作品であることを意味している。曲はベッリーニの『清教徒』からの「行進曲」を主題として序奏と主題、六つの変奏、終曲から成っている。もちろんリストが全体のプロデュースを務めており、彼は後に二台のピアノ版や協奏曲版にも編曲している。CDで演奏している六人のピアニストは、タンスキを別にすればいずれも若手らしく、曲毎に分担演奏しており、一部の曲はデュオで弾かれている。

◆ディートリヒ&シューマン&ブラームス：F・A・E・ソナタ

◎イザベル・ファウスト（Vn）、アレクサンドル・メルニコフ（P）（2014）〈HMF〉

一八五三年秋、名ヴァイオリニストであるヨーゼフ・ヨアヒムがデュッセルドルフのシューマン宅を訪れることになり、シューマンはヨアヒムとの共通の友人であるディートリヒとブラームスとに相談して、ヨアヒムを歓迎するためのヴァイオリン・ソナタを共同で書くことになった。第一楽章はディートリヒ、第二楽章と第四楽章はシューマン、第三楽章はブラームスが分担した。そしてヨアヒムがモットーとする「自由に、しかし孤独に」（Ｆｒｅｉ　ａｂｅｒ　Ｅｉｎｓａｍ）の頭文字をとって「Ｆ・Ａ・Ｅ・ソナタ」と名付けた。初演は同年十月二十八日シューマン宅でヨアヒムのヴァイオリン、クララ・シューマンのピアノで行われたようである。今では全曲が演奏されることは珍しく、ブラームス作曲の第三楽章のみ時々演奏される。なおシューマン作曲の第二楽章は後に彼のヴァイオリン・ソナタ第三番の第三楽章に転用された。ファウストの堅実ながら融通性に富んだヴァイオリンに対して、メルニコフは堅固なピアノで二重奏ソナタとしての重みを受け止めている。

**◆ヴェルディ&ブッゾラ&バッジーニ&ペドロッティ&リッチ、他計十三人：ロッシーニのためのレクイエム**

**◎マリア・ホセ・シーリ（Ｓ）、ヴェロニカ・シメオーニ（Ms）、ジョルジョ・ベッルージ（Ｔ）、シモーネ・ピアッツォーラ（Br）、リッカルド・ザネッルラート（Ｂ）、リッカルド・シャイー指揮ミラノ・スカラ座管弦楽団・合唱団（２０１７）〈Ｄｅｃｃａ〉**

一八六八年のこと、ヴェルディはパリでロッシーニが客死したのを知って、早速彼を追悼するためミサ曲作曲の計画を、広くイタリアの作曲家たちに呼びかけた。さっそく十二人の作曲家が応じて、ヴェルディはミサ典礼文の最後の「リベラ・メ」を作曲し、他の部分を彼らに委ねて作品は翌年完成した。ヴェルディ以外は今日殆ど知られていない作曲家であるためか、作品も演奏されることはなく忘却の彼方に追いやられてし

まった。ヴェルディが受け持った最後の「リベラ・メ」の部分だけは、彼が一八七四年に書いた「レクイエム」に転用されているので広く知られている。ようやく一九八八年ヘルムート・リリンクの指揮で全曲初演されたが、この部分が断然光りを放っているのは明らかである。このCDは二〇一八年のロッシーニ没後百五〇年を迎えるに当たって、スカラ座で上演された演奏会のライヴである。シャイーの指揮は伸びやかで、かつ曲が持つ美しさを申し分なく引き出している。若手のソリストは少しも嫌味がなく、整然としたスカラ座の合唱団など、声楽部が充実していることで興味深い。

**◆シャブリエ＆メサジェ：ミュンヘンの思い出**

**◎ピエール・バルビゼ、ジャン・ユボー（P）（1982）〈Erato〉**

**◎ミヒャエル・ハーゼル指揮ベルリン・フィルハーモニー管弦楽団員（2009）〈Col Legno〉**

フランスにおける熱心なワグネリアンの一人であったシャブリエは、一八八〇年ミュンヘンでワーグナーの楽劇『トリスタンとイゾルデ』を観たことによって、彼にとってミュンヘンはワーグナーの聖地となった。そして一八八五年から翌年にかけて友人のメサジェと共作したのが、この四手のピアノのための曲である。五つの部分から成り、『トリスタンとイゾルデ』の中の示導動機を用いたカドリーユ（接続曲）で、彼らはワーグナーの音楽を自由に扱って舞踏風の愉悦感に溢れた作品に仕上げている。バルビゼとユボーの軽やかなリズムに乗った演奏は、いかにも洗練されたものである。室内オーケストラ版は数種類存在するようだが、これは一九四三年のデイヴィッド・マシューズの編曲で、さすがに優れたアンサンブルで聴くと、ワーグナーの色彩が一段濃く漂ってくる。

## ◆フォーレ&メサジェ：バイロイトの思い出

◎岡城千歳、J・Y・ソン（P）（1998）〈ProPiano〉

シャブリエと同様ワグネリアンだったフォーレは、一八七八年ドイツのケルンでワーグナーの『ラインの黄金』と『ワルキューレ』を観た。さらに一八八三年には仲間のメサジェと連れだって念願のバイロイト詣でを敢行、本場の『指環』に接した。こうして生まれたのが二人の合作となる『バイロイトの思い出』であり、『ニーベルングの指環』の示導動機を用いた幻想曲である。岡城とソンのデュオはワーグナーのオペラの性格的な表現よりも、あくまでもピアニスティックな効果が重視されている。

## ◆フォーレ&メサジェ：ヴィレヴィユの漁師のミサ曲

◎フィリップ・ヘレヴェヘ指揮シャペル・ロワイヤル、サン・ルイ少年合唱団、オブリク音楽アンサンブル、ジャン＝フィリップ・オードリ（Vn）（1988）〈HMF〉

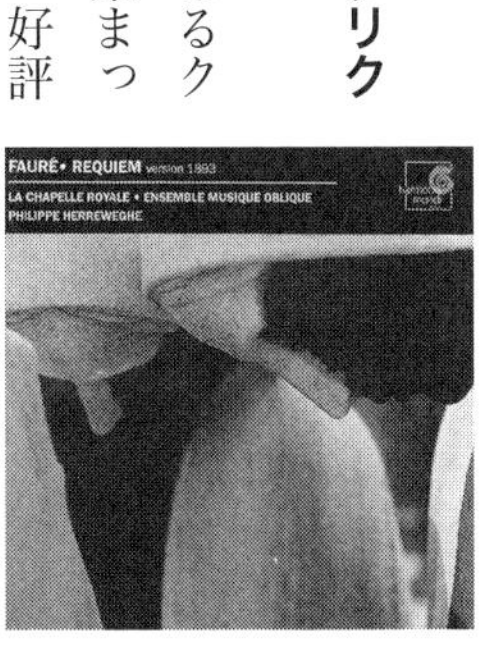


フォーレとメサジェは一八八一年の夏、ノルマンディ地方の漁村ヴィレヴィユにあるクラーク家に滞在した。その際に作曲されたこのミサ曲は、周辺で休日を過ごす人々が集まった小さな教会で歌われた。この時の伴奏はハルモニウムとヴァイオリンであったが、好評だったので翌年の再演ではフルート、オーボエ、クラリネットに弦楽五重奏を加えた小オーケストラの伴奏に拡大された。さらに一九〇七年の出版に際して、フォーレは大幅な改訂を加えた上「小ミサ曲」と名付け、メサジェが書いた「キリエ」などの部分を自分で書いた新しい曲に置き換えた。この録音はクラーク家に保存されていた一八八二年版によっており、「キリエ」、「おお、サルタリス」はメサジェの作曲、「グローリア」、「サンクトゥス」、「アニュス・デイ」はフォーレが作曲した部分である。ヘレヴェヘへの指揮はこの素朴でチャーミングなミサ曲を暖

かく包み込んでおり、ほのぼのとした味わいがある。

◆ラヴェル&イベール&ミヨー&オーリック、他計十人：バレエ音楽『ジャンヌの扇』

◎ジェフリー・サイモン指揮フィルハーモニア管弦楽団（1984）〈Chandos〉

一九二七年の春、パリの芸術支援者であるジャンヌ・デュボストは、友人である十人の作曲家たちにバレエ音楽の作曲を依頼した。そして同年六月十六日デュボストが経営するバレエ学校のサロンにおいて、ラヴェルがピアノ版に編曲して伴奏した。本格的な上演は一九二九年三月四日にパリ・オペラ座で行われた。『ジャンヌの扇』という題名はもちろんデュボスト夫人の名前に由来している。曲はラヴェルの「ファンファーレ」に始まり、フェルーの「マーチ」、イベールの「ワルツ」、ロラン＝マニュエルの「カナリー」、ドラノワの「ブーレ」、ルーセルの「サラバンド」、ミヨーの「ポルカ」、プーランクの「パストゥレル」、オーリックの「ロンド」、そしてフローラン・シュミットの「フィナーレ」から成る。サイモンの指揮は各曲の特長を鮮やかに描き分けている。

◆オーリック&ミヨー&プーランク&タイユフェール&オネゲル：バレエ音楽『エッフェル塔の花婿花嫁』

◎ジェフリー・サイモン指揮フィルハーモニア管弦楽団（1984）〈Chandos〉

スウェーデン・バレエ団から一九二〇年のパリ公演のために協力を依頼されたジャン・コクトーの企画で、彼はいわゆる六人組に作曲を依頼した。そのうちデュレがリハーサル直前になって企画から降りたために、彼が作曲する予定だった「電報のワルツ」はタイユ

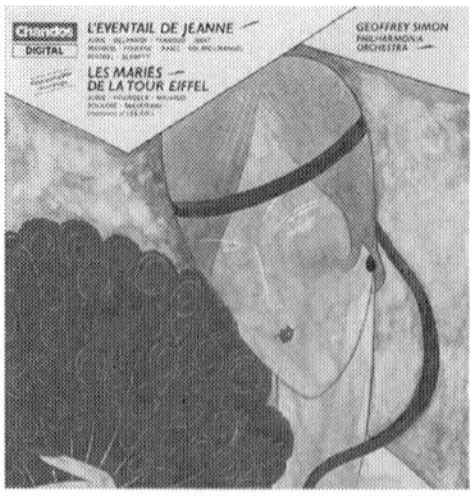

フェールが作曲、ミヨーがオーケストレーションして本番に間に合わせた。六月十八日のシャンゼリゼ劇場での初演は、古代ギリシャ悲劇をベースにした幻想的かつグロテスクで、非現実的な世界を滑稽に描いた内容であるのに場内は騒然とした空気に包まれた。全十曲のうちミヨーが三曲、オネゲルが一曲、他の三人は各々二曲作曲している。サイモン指揮の演奏はいかにも賑やかで、ウィットに富んだ内容にふさわしいが、それだけにとりとめもないと言うことも出来よう。

# 五．一期一会&歴史的秘盤

◆マーラー：交響曲第九番ニ長調

◎レナード・バーンスタイン指揮ベルリン・フィルハーモニー管弦楽団〈1979〉〈DG〉

ニューヨーク・フィルの音楽監督の座を辞したバーンスタインは、一九六〇年代後半になるとヨーロッパで旺盛な活躍を開始した。当時ベルリン・フィルの芸術監督としてヨーロッパの音楽界に君臨していたカラヤンは、その進出ぶりに嫉妬してバーンスタインを決してベルリン・フィルに招こうとしなかった。したがってこの録音はベルリン・フィルの定期演奏会ではなく、ベルリン芸術祭の一環として開かれた演奏会のライヴであり、バーンスタインにとってベルリン・フィルとの生涯唯一の出会いとなった。余談ながらこの時カラヤンはベルリンに滞在していたが、一度もバーンスタインに会うことはなかった。バーンスタインは渾身の力でもってベルリン・フィルに対峙しており、オーケストラも第三楽章で見せるパワフルで圧倒的な演奏は格別で、第二楽章も厚みのある弦のアンサンブルと奥行きのある金管などが効果を発揮している。バーンスタインが極限までの力を振り絞った名演である。

◆ブラームス：ピアノ協奏曲第一番ニ短調

◎レナード・バーンスタイン指揮ニューヨーク・フィルハーモニック、グレン・グールド（P）〈1962〉〈SONY〉

バーンスタインはこの前年にグールドとベートーヴェンのピアノ協奏曲第四番で共演した経験があるが、ブラームスの協奏曲ではリハーサルの段階から解釈が一致せず、そのままステージに臨むことになった。そこでバーンスタインは演奏に先立って聴衆に向かって語りかけ、そのスピーチも録音されている。二人の異見の主要な点はテンポであり、グールドはバーンスタインよりもずっと遅いテンポを主張した。それでもグールドが魅力ある演奏家であるが故に、あえて彼のテンポに合わせて演奏する、と公言した。それは特に第二楽章アダージョなどで、グールドのピアノが加わる個所に対して、オーケストラだけで演奏する部分ではバーンスタインが伸び伸びと指揮している。ここでは協奏曲における指揮者とソリストとの関係を考えさせることで興味深い。録音は三回行われた公演二日目の四月六日のライヴとされる。

**◆チャイコフスキー：交響曲第六番ロ短調『悲愴』**
**◎ヘルベルト・フォン・カラヤン指揮ＮＨＫ交響楽団（１９５４）〈ＤＧ〉**

第二次大戦前にもワインガルトナーのような大指揮者が来日して新交響楽団（現ＮＨＫ交響楽団）を指揮した例があるが、カラヤンのような日の出の勢いにある著名な指揮者が来日して日本のオーケストラを指揮したのは奇跡といえよう。一九五四年といえば、十一月にフルトヴェングラーが亡くなり、カラヤンは五六年にベルリン・フィル芸術監督のポストに就く前のフリーの時代だった。四月七日から五月十二日まで二十回以上にわたってＮ響を指揮した全国ツアーが実現した。以後カラヤンは日本ではベルリン・フィルかウィーン・フィル以外は指揮していない。この『悲愴』は四月二十一日東京・日比谷公会堂でのライヴである。勢いそのままのストレートな演奏で、Ｎ響もよくカラヤンに応えている。

**◆ストラヴィンスキー：バレエ組曲『火の鳥』、幻想曲『花火』（抜粋）**
**◎イーゴリ・ストラヴィンスキー指揮ＮＨＫ交響楽団（１９５９）〈ＴＤＫ＝ＤＶＤ〉**

ストラヴィンスキーといえば当時存命の音楽家としては超一流の存在であった。その彼が大阪フェスティバルで日本のオーケストラを指揮するというのであるから、これは歴史的な事件である。ここに収録されているのは自作の『火の鳥』(一九四五年版)と『花火』であるが、他に『ペトルーシュカ』と『うぐいすの歌』も演奏された。演奏は気分に任せた自由自在なものであるが、それはストラヴィンスキーのような大家であるならば何の不思議もない。両腕を突き出して引っ込めたり上下に振り回したりするという、単調な指揮ぶりで、指揮者としては必ずしもサービス精神旺盛ではないことが分かる。

### ◆スメタナ:交響詩『わが祖国』

**◎ラファエル・クーベリック指揮チェコ・フィルハーモニー管弦楽団(1990)〈Supraphon〉**

クーベリックは一九四一年に二十七歳の若さでチェコ・フィルの首席指揮者に抜擢されるほど将来を嘱望されていた。ところが四八年チェコに共産主義政権が樹立されると国外に亡命、シカゴ響やバイエルン放送響の音楽監督として世界を股に活躍した後、一九八六年に引退した。ところが八九年に母国チェコに民主化が復活すると、大統領以下国民の熱烈な要望に応えて翌九〇年の〝プラハの春〟音楽祭で指揮台に復帰、『わが祖国』を指揮した。これは音楽祭初日の五月十二日のライヴである。久しぶりに母国に戻ったクーベリックの指揮は、冒頭ではわずかな緊張感が見られるものの、徐々に調子を上げ、終演後は満場の聴衆の拍手を浴びた。その会場に入れなかった人のためにか、プラハ旧市街の広場でチェコ・フィル、ブルノ・フィル、スロヴァキア・フィルの合同による『わが祖国』の野外コンサートを指揮している。

◆ベートーヴェン：交響曲第五番ハ短調『運命』、『エグモント』序曲

◎ヴィルヘルム・フルトヴェングラー指揮ベルリン・フィルハーモニー管弦楽団（１９４７）〈ＤＧ〉

第二次大戦後演奏活動が禁止されていたフルトヴェングラーは、ようやく一九四七年四月に非ナチスの判定が下されて自由の身になった。そして同年五月二十五日、ティタニア・パラストにおけるベルリン・フィルの演奏会で楽壇に復帰した。その初日の録音も残されているが、これは二日目の五月二十七日のライヴで、久しぶりに再会したベルリン・フィルのメンバーとの深い友情で結ばれた感動的な演奏である。随所にみられるフルトヴェングラーの万感の思いが込められた感情の揺れも少しも不自然ではなく、フィナーレに向かって音楽は大きなクライマックスを築く。『エグモント』も同様で、歴史の重みを実感させられる名演である。演奏会では他にベートーヴェンの交響曲第六番『田園』が演奏された。

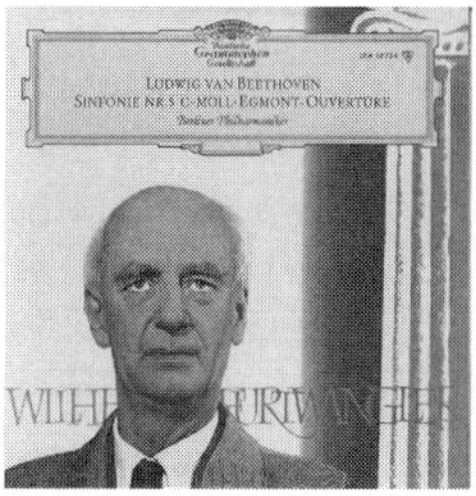


◆マーラー：『大地の歌』

◎ブルーノ・ワルター指揮ウィーン・フィルハーモニー管弦楽団、キャスリーン・フェリアー（Ａ）、ユリウス・パツァーク（Ｔ）（１９５２）〈Ｄｅｃｃａ〉

ワルターにとって切っても切れない作曲家はマーラーであった。一八九六年ハンブルク歌劇場に迎えられたワルターは、そこで出会ったのが音楽監督のマーラーである。上司と部下という関係以上に、ワルターは当時未だ作曲家として認められなかったマーラーの良き理解者として、彼の作品を積極的に演奏した。一九〇一年マーラーはウィーン宮廷歌劇場の音楽監督に招かれるに当たって、ワルターを直属の指揮者に指名した。こうしてウィーン・フィルを指揮するようになったワルターは、彼が初演の指揮をしたマーラーの交響曲第九番と『大地の歌』のラ

イヴ録音を一九三〇年代に残しており、大戦後のライヴもあるが、スタジオ録音のこの五二年盤は、ワルターのマーラーの数多い録音の中でも音の状態を含めて最も優れたものの一つである。指揮者とオーケストラとの関係も絶妙で、ワルターの信頼する二人の歌手の表現も作品に似つかわしい。マーラーとワルターとウィーン・フィルとの交流が生んだ特筆すべき成果に数えられる。

**◆《自由への頌歌》ベートーヴェン：交響曲第九番ニ短調『合唱』**
**◎レナード・バーンスタイン指揮バイエルン放送交響楽団員、キーロフ劇場管弦楽団員、ドレスデン国立管弦楽団員、パリ管弦楽団員、バイエルン放送合唱団、ベルリン放送合唱団、ドレスデン・フィル児童合唱団、ジューン・アンダーソン（S）、サラ・ウォーカー（Ms）、クラウス・ケーニヒ（T）、ヤン・ヘンドリック・ローテリング（B）、他（1989）〈DG〉**

一九八九年十一月九日のベルリンの壁崩壊は歴史の大転換の始まりだった。東西に分割されていたドイツ国民は自由を獲得し、ソビエト連邦を盟主とする社会主義圏は解体して各国は独自の道を歩み出した。クーベリック指揮の『わが祖国』の項に記したチェコの〝プラハの春〟もその一例である。このベルリンの壁崩壊を祝って企画されたのがベートーヴェンの『第九』演奏会で、バイエルン放送交響楽団を主体に、表記以外にロンドン響、ニューヨーク・フィルなど欧米の六つのオーケストラの団員、それに合唱団、ソリストたちが東ベルリンのシャウシュピールハウス（現コンツェルトハウス）に集結した。バーンスタインは控えめながら情熱あふれる指揮ぶりで、参加した演奏家たちも自由の大切さを謳歌しているようである。なお第四楽章で歌われるシラーの歌詞の冒頭は「おお、友よ」から「おお、自由よ（フライハイト）」に変更されている。

**◆《ベルリンの壁解放コンサート》ベートーヴェン：ピアノ協奏曲第一番ハ長調、交響曲第七番イ長調**

**◎ダニエル・バレンボイム（P）指揮ベルリン・フィルハーモニー管弦楽団（1989）〈SONY〉**

前記のバーンスタイン指揮の『第九』演奏会は、テレビでも放送されて世界的な話題を呼んだが、それとは別に地元ベルリン・フィルによる東ドイツ市民のために、無料の《ベルリンの壁解放コンサート》が開かれた。それも壁崩壊わずか三日後の十一月十二日に開催されている。ＣＤはベートーヴェンの二曲がライヴ収録されているが、他にモーツァルトの曲も演奏された。演奏は協奏曲で弾き振りするバレンボイムのたっぷりと情感を込めたピアノが印象的であり、交響曲ではオーケストラの音が怒涛の波のように押し寄せてくる力演である。いずれにしても特別な演奏会の記録である。

**◆《東日本大震災復興支援演奏会inミュンヘン》ベートーヴェン：交響曲第九番ニ短調『合唱』**

**◎ズービン・メータ指揮バイエルン国立管弦楽団、ミュンヘン・フィルハーモニー管弦楽団、バイエルン放送交響楽団、バイエルン国立歌劇場合唱団、ミュンヘン・フィルハーモニー合唱団、バイエルン放送合唱団、アニヤ・カンペ（S）、リオバ・ブラウン（A）、クラウス・フローリアン・フォークト（T）、ミヒャエル・フォッレ（B）（2011）〈Naxos〉**

東日本大震災が起きた二〇一一年三月十一日、滞日中だったメータはヨーロッパに戻ると早速仲間の音楽家に呼び掛け、多くの犠牲者への追悼と復興を願って、五月二日にミュンヘンのガスタイクで開かれたチャリティ演奏会のライヴである。ミュンヘンの三大オー

ケストラとコーラスを中心とした演奏であるが、開演前には全出演者と当日会場に姿を見せたバイエルン放送響首席指揮者マリス・ヤンソンスも加わって、全参加者による黙祷が行われたという。冒頭にバッハの「アリア」が厳かに演奏され、続くこの『合唱』はいかにもメータらしいスケールの大きな演奏だが、第四楽章などニュアンスよりも意欲が先立った感もある。その点でドキュメントとしての性格が強い。

### ◆マーラー：交響曲第九番ニ長調

### ◎ジョン・バルビローリ指揮ベルリン・フィルハーモニー管弦楽団（1964）〈EMI〉

イギリスの名指揮者バルビローリは一九六〇年代から定期的にベルリン・フィルに客演指揮者として招かれた。六十歳を越えてなお研究熱心である上に温厚な人柄もあって、ベルリン・フィルとは特別に親密な関係になった。彼が亡くなった時にベルリン・フィルは異例ともいえる追悼演奏会を開いたほどである。バルビローリは一九六三年一月のベルリン・フィルの演奏会でマーラーの交響曲第九番を取り上げ、聴衆は熱狂し、もちろんベルリン・フィルの団員の心をもしっかりと捉えた。演奏会終了後団員たちは自発的にオーケストラの事務局に詰めかけ、この曲のレコード録音を熱望した。当時ベルリン・フィルはDGの専属、バルビローリはEMIの専属だったので交渉は難航したが、一年後の翌六四年一月、EMIがDGからベルリン・フィルを借り受ける形で録音が実現した。もちろんこのコンビによる唯一のスタジオ録音であり、一期一会の名演というにふさわしい。大器晩成だったバルビローリの円熟した指揮は人間的なぬくもりを感じさせ、消え入るような終結部も少しも人工的なところはない。

◆《トスカニーニ・ラスト・コンサート》

◎アルトゥーロ・トスカニーニ指揮NBC交響楽団（1954）〈Altus〉

これは一九五四年四月四日のカーネギー・ホールにおける演奏会のライヴである。当日は何時ものようにNBCラジオで全米に中継された。曲目はオール・ワーグナー・プロで、歌劇『ローエングリン』の第一幕への前奏曲で始まった。演奏は晩年のトスカニーニらしい厳しさの中にも柔和な表現を見せており、楽劇『神々の黄昏』の「夜明けとジークフリートのラインへの旅」など、美しい弦の歌い回しや効果的な打楽器の使用などで見事にオーケストラを統率している。ところが演奏会後半の歌劇『タンホイザー』序曲が終わって「バッカナール」に入った二百五十六小節目に差しかかると、トスカニーニの指揮棒は止まり、演奏は中断された。中断は十五秒ほどで再開されたが、抜群の暗記力を誇るトスカニーニの記憶が失われたためだという。放送はいつかこのような事態が起こることを懸念してスタッフが用意していたブラームスの交響曲第一番の冒頭が〝操作上の問題が起こった〟というアナウンスに続いて流され、その場をしのいだ。CDにはこの中断は記録されておらず、別の録音で補われて完全な形になっている。結局はこの日を最後にトスカニーニは観客の前で指揮台に立つことはなく、これが最後のコンサートになった。この頃になるとステレオ録音の技術も確立されており、トスカニーニの一九五四年に入ってからのライヴはいずれもステレオ録音である。

◆《フランス大革命二百周年記念祝典》『ラ・マルセイエーズ』

◎ジェシー・ノーマン（S）、セミヨン・ビシュコフ指揮パリ管弦楽団・合唱団（1988）〈PH〉

一九八九年はフランス大革命二百周年に当たり、パリのコンコルド広場で華やかな記念祝典が開かれた。そこでフランス国歌『ラ・マルセイエーズ』（ルージュ・ド・リール曲）を歌ったのがノーマンで、この模様は世界中にテレビ中継された。その行事のために準備された演奏がこのCDである。この曲はもともと一七九二年の仏墺戦争の際にマルセイユ義勇兵を鼓舞するために作られた歌であるが、それがフランス国歌に指定された経緯については複雑なので省く。ベルリオーズが編曲した壮大なオーケストラとコーラスをバックに、ノーマンの歌うスケールの大きな演奏はまさに記念すべき祝典にふさわしい。

### ◆《三大テノール世紀の競演》

**◎ホセ・カレーラス（T）、プラシド・ドミンゴ（T）、ルチアーノ・パヴァロッティ（T）、ズービン・メータ指揮フィレンツェ五月音楽祭管弦楽団、ローマ歌劇場管弦楽団（1990）〈London〉**

ドミンゴが大のサッカー好きであることは自伝にも記されているが、他の二人の名テノール、そして指揮者のメータもその例外ではあるまい。これは一九九〇年のFIFAワールド・カップ・イタリア大会の前夜祭として七月七日、ローマのカラカラ浴場跡を会場に、六千人の聴衆を前に開かれた空前のイヴェントのライヴである。歌われている曲目はオペラ・アリアやナポリターナであるが、最後に三人のテノールがミュージカルのアリアを含めて二十分におよぶ歌を、メドレー形式で熱唱して会場を沸かせた。メータの指揮も華々しい。このイヴェントは二〇〇二年の日韓共催大会時の横浜アリーナ公演まで続けられた。”三大テノール“という呼び名も定着し、三人はサッカーとは関係なく数回にわたるワールド・ツアーを行っている。

## ◆《皇紀二千六百年奉祝音楽》

◎山田耕筰、橋本國彦、ガエタノ・コメリ、ヘルムート・フェルマー指揮紀元二千六百年奉祝交響楽団（1940）〈Rohm〉

昭和十五年（一九四〇年）は『日本書紀』によると、初代天皇神武の即位から数えて二千六百年に当たり、時の政府（首相は近衛文麿）は記念祝典の一つとして奉祝音楽会を企画、世界主要国の代表的作曲家に作品を委嘱した。アメリカは対日関係の悪化によってその依頼を断ったが、フランスからはジャック・イベールの『祝典序曲』、ハンガリーからはシャンドール・ヴェレシュの交響曲（第一番）、イタリアからはイルデブランド・ピツェッティの交響曲イ調、そしてドイツからはR・シュトラウスの『皇紀二千六百年奉祝音楽』が送られてきた。イギリスからもブリテンの『シンフォニア・ダ・レクイエム（鎮魂交響曲）』が届いたが、この年に入ると日英関係が急速に悪化した上、曲名が祝典にふさわしくないと判断され、楽譜到着が間に合わなかったという理由で演奏されなかった。オーケストラは新交響楽団（現・NHK交響楽団）、中央交響楽団（現・東京フィルハーモニー交響楽団）、宮内省楽部（現・宮内庁式部職楽部）、東京音楽学校（現・東京藝術大学音楽学部）管弦楽部、東京放送管弦楽団、星桜吹奏楽団から選ばれた百六十四人から成り、斎藤秀雄の二ヶ月にわたる特訓を経て、一九四〇年十二月七日と八日の東京・歌舞伎座における奉祝演奏会で初演された。シュトラウスの曲の演奏のためには、東京近郊の寺から十四個の梵鐘がかき集められたという。この録音は十二月十八日と十九日に東京の放送会館第一スタジオからラジオ放送された際に、近接する日本コロムビアに臨時のケーブルを敷設して行われた。指揮は山田耕筰がイベールを、橋本國彦がヴェレシュを、コメリがピツェッティを、フェルマーがシュトラウスを分担している。Rohm盤はいずれも現在ではより優れた演奏の録音があるが、当時の日本としては画期的な行事の記録である。

七枚組の別のＣＤに分散収録されている。

### ◆R・シュトラウス：『明日の朝』

**◎田中路子（S）、諏訪根自子（Vn）、ミヒャエル・ラウハイゼン（P）（１９４３）**

**〈Ｍｅｌｏｃｌａｓｓｉｃ〉**

一九〇九年に東京で生まれた田中路子は、一九三〇年東京音楽学校声楽科を中退してウィーンに留学した。社交界にも進出、第二次大戦末期からはベルリンに住み、日本の音楽家や文化人を擁護した。大戦終了後は民間の"日独大使"として活躍、時には日本に戻って一九六十年代まで歌った。一方の諏訪根自子は一九二〇年の生まれ、音楽コンクールに優勝して間もない一九三六年に渡欧し、パリを拠点に活躍したが、戦争が激化した四二年、田中路子を頼ってベルリンに移住、日本を代表する若手ヴァイオリニストとして主にドイツで活躍した。シュトラウスの『明日の朝』はピアノ伴奏の歌曲であるが、これはベルリン帝国放送のための録音で、当時の日独伊三国軍事同盟関係を反映した日本向けのサービスとして、諏訪のオブリガート・ヴァイオリンが加えられたものであろう。いずれにしても可憐な声の持主だった田中の歌と、洗練された表現力を加えたかつての天才少女・諏訪のヴァイオリンという珍しい共演の録音が残された。

# 六．オーディオ

## ◆黎明期のステレオ録音

◎アニメ映画『ファンタジア』　レオポルド・ストコフスキー指揮フィラデルフィア管弦楽団（1939）〈WaltDisney〉

ストコフスキーは一九三〇年代の早くからオーディオに強い関心を持っていた。それは二十世紀後半のカラヤンに比肩されるかも知れない。早くからステレオ録音を試みていた。こうして最初のステレオ録音が実現したのは、レコードではなくて映画の世界であった。ウォルト・ディズニーのアニメ映画『ファンタジア』では、映像用のフィルムとは別に四本（九本との説もある）のマルチ・トラックを持つ音声用のフィルムが用意された。一つのトラックは映画館で上映される際の技術用のもので、オーディオ用には残りのトラックが用いられ、その三つの音声トラックが二チャンネルのステレオにミックス・ダウンされたという。DVDには英語字幕は5・0chサラウンド、日本語字幕は2・0chサラウンドと表示されている。この映画で取り上げられている曲目は、バッハの『トッカータとフーガ』、デュカスの交響詩『魔法使いの弟子』、ムソルグスキーの交響詩『はげ山の一夜』など八曲である。ストコフスキーの親しみやすい音楽はこのアニメ映像と見事にシンクロしている。サントラCDの他にDVDがあるので、その映像盤を観るのは楽しい。

## ◆最初期の磁気テープ録音（マグネットフォン）

◎ベートーヴェン：弦楽四重奏曲第十三番変ロ長調〜カヴァティーナ、ブルックナー：交響曲第七番ホ長調〜第二楽章、グルック：歌劇『アルチェステ』序曲　ヴィルヘルム・フルトヴェングラー指揮ベルリン・フィルハーモニー管弦楽団（1940、1942）〈Teldec〉

フルトヴェングラーのレコード録音は一九二八年に始まる。ウェーバーの歌劇『魔弾の射手』序曲とベートーヴェンの交響曲第五番『運命』だった。しかし彼は四〜五分毎に演奏が中断される録音という作業には音楽的に耐えることが出来ず、徐々に録音嫌いになっていった。ところで一九三〇年代になってドイツの電機メーカーAEGが磁気録音方式を開発、プラスティック・テープの製造会社BASFとの共同研究によって、一九三〇年代末までに飛躍的に音質が改良された。そこでテレフンケン・レコードはフルトヴェングラーを説得して、マグネットフォンと名付けられたこの方式による録音が実現した。ただ録音方式は磁気テープとはいえ、レコードの製造過程において従来と同じ演奏時間の短い金属原盤にカッティングされたので、結局フルトヴェングラーの満足は得られなかった。このCDはそのようにして録音されたSP原盤からの復刻である。

## ◆最初のステレオ録音CD

**◎ブルックナー：交響曲第八番ハ短調　ヘルベルト・フォン・カラヤン指揮ベルリン・プロイセン国立管弦楽団（1944）〈Koch〉**

磁気テープによる録音はレコードにとどまらず、ドイツ帝国放送のラジオでも試みられた。それはナチスの政治的宣伝に重要な役割を果たしたが、同時に技術面ではステレオ録音の試みも行われ、当時ベルリン国立歌劇場の演奏会シリーズの指揮者として活躍していたカラヤンを起用して、放送用に実験的なステレオ録音が行われた。それがこのCDであるが、第一楽章は収録されておらず、しかも第四楽章のみステレオという変則的な形になっている。演奏はいかにも躍動感溢れるカラヤンの指揮が新鮮で、年代からみて音質にも不満はない。もちろんステレオの楽章は音楽も雄大に聴こえる。オーケストラ名はプロイセン・シュターツカペレ・ベルリンとなっているが、現在のベルリン国立（歌劇場）管弦楽

団のことである。

◆最初のLPレコード

◎メンデルスゾーン：ヴァイオリン協奏曲ホ短調　ナタン・ミルシテイン（Vn）、ブルーノ・ワルター指揮ニューヨーク・フィルハーモニック（1945）〈SONY〉

エジソンが発明したシリンダー録音は別にして、SPレコードは六十年以上の歴史を持つが、とりわけ長時間の演奏時間を要する交響曲やオペラなどのクラシック音楽に適したメディアとはいえなかった。それを解決すべく研究の末に生まれたのがLPレコードである。CBS研究所によって開発され、従来のシェラックに代わって塩化ビニールが素材として用いられた。

一九四八年、関連会社のアメリカ・コロンビアから発売された第一号がこのメンデルスゾーンで、当時は一枚のLPの両面にわたってこれ一曲のみが収められていた。ワルターも未だ気力十分である上、ミルシテインの端正なヴァイオリンが作品の姿を明快に浮き彫りにしており、未だその魅力は失われていない。

◆最初の商業用ステレオ・レコード

◎ストラヴィンスキー：バレエ音楽『春の祭典』　ピエール・モントゥー指揮ボストン交響楽団（1951）〈RCA〉

◎チャイコフスキー：ピアノ協奏曲第一番ロ短調　エミール・ギレリス（P）、フリッツ・ライナー指揮シカゴ交響楽団（1955）〈RCA〉

LP開発ではコロンビアに遅れを取ったライヴァルのビクター（RCA）は、ドーナッツ盤と呼ばれる四十五回転のEPレコードを発売して対抗したが、これは必ずしもクラシック音楽向きとはいえなかった。そこで積極的にステレオ録音に取り組み、一九五八年八月に初めてステレオLPを十六タイトル発売した。LP発売以来十年を経過している。その間にマイナー・レーベル数社からステレオ盤が発売されたようだが、それらの詳細は不明のため、メジャー・レーベルのビクター盤について記す。『春の祭典』はかつてモノーラルLPとして発売されたことがある。響きとしては多少スカスカの感は免れないが、立体感のあるサウンドはステレオだけのことはある。その点で新しい録音のチャイコフスキーの協奏曲は豊麗な音がしており、ギレリスとライナーというコンビの妙が十分に味わえる。ビクターからは他にもヤッシャ・ハイフェッツのソロ、シャルル・ミュンュ指揮ボストン響によるベートーヴェンのヴァイオリン協奏曲（1955録音）なども同時発売された。

## ◆世界で最初のデジタル録音

**◎《打ーツトム・ヤマシタの世界》ツトム・ヤマシタ（打楽器）、藤舎推峰（能管）、藤舎呂悦（鼓）（1971）〈Denon〉**

日本コロムビアは世界に先駆けてデジタル録音の開発を手掛けていて、PCM（パルス符号変調）録音という名称で、世界で最初にデジタル録音を行った。これはその記念すべき初録音で、一九七一年一月十一日、東京文化会館小ホールにおけるツトム・ヤマシタのリサイタルのライヴである。山下勉は高校卒業後渡米してジャズを学んで秋吉敏子のグループでも演奏したことがあるが、やがてロックや前衛音楽の世界で打楽器奏者として活躍、これは帰国記念の演奏会であった。曲目はタークイの『踊るかたち』、自作の『〈人〉の三楽章』とアンコールの『渦』の即興演奏である。打楽器という繊細か

つダイナミックな衝撃音が生々しく、当初はLP盤として発売されたが、後にCD化された。後にPCM録音機材は小型化が図られてヨーロッパに搬送され、一九七四年十二月パリ近郊の教会で、パイヤール室内管弦楽団によるバッハの『音楽の捧げもの』などが録音された。

## ◆最初のデジタル録音CD

### ◎R・シュトラウス：アルプス交響曲　ヘルベルト・フォン・カラヤン指揮ベルリン・フィルハーモニー管弦楽団（1980）〈DG〉

ＣＤ（コンパクト・ディスク）は、オーディオ・メーカーのソニーと映像用ディスクの開発に挑んでいたフィリップスとが、一九七九年から共同研究の末に完成した。ディスクのサイズはフィリップス案の直径十四センチに対し、『第九』一枚が収録される大きさを提案したカラヤンの意見が入れられて十二センチに決まったとされる。ＣＤのシステムは一九八一年のザルツブルク音楽祭においてソニー、ポリグラム（フィリップス＆ＤＧなどのグループ）、カラヤン財団の三社によって大々的に発表され、八二年秋に本格的にＣＤは発売された。ソニーからは二十タイトルほどのＣＤが一挙に一般発売され、世界のオーディオ界はデジタル時代に突入する。そこで当のカラヤンの動向が注目されるところであるが、すでに一九八〇年十二月にデジタル録音されていた『アルプス交響曲』を初のデジタル録音ＣＤとして発売した。余談だが、カラヤンは当初デジタル録音に慎重で、この直前にマゼールが行ったデジタル録音の成果を見極めた上で録音に踏み切ったといわれる。そしてカラヤンは同年ワーグナーの楽劇『パルジファル』やモーツァルトの歌劇『魔笛』などの大作を、積極的にデジタル録音している。

◆カラヤンの初デジタル録音

◎ベートーヴェン：交響曲第九番ニ短調『合唱』 ヘルベルト・フォン・カラヤン指揮ベルリン・フィルハーモニー管弦楽団、ウィーン楽友協会合唱団、アンナ・トモワ＝シントウ（S）、ルージャ・バルダーニ（A）、ペーター・シュライアー（T）、ヨセ・ファン・ダム（Br）（1979）〈DG〉

カラヤンの初のCD用デジタル録音は前記の『アルプス交響曲』であるが、実はそれ以前にもデジタル録音を残している。カラヤンのベートーヴェンの交響曲『合唱』の録音は数多いが、これは一九七九年十月二十一日に東京・普門館で行われた演奏会のライヴである。NHK・FMでラジオ中継されたが、同時に三菱電機との技術提携でPCM録音された。同社は宇宙通信用のデジタル技術を持っており、三十センチ盤のデジタル・ディスクも研究していた。こうして残されたカラヤンのデジタル録音であるが、これは前記の『アルプス交響曲』よりも一年以上も前に遡ることになる。ただしこの録音がCDとして発売されたのはカラヤン没後の二〇〇三年のことである。全盛期の演奏であるので、五〇〇〇人収容の大ホールのハンディをものともせずに、緻密で精力的な演奏を聴かせている。

◆フルトヴェングラーのステレオ録音

◎ウェーバー：歌劇『魔弾の射手』 ヴィルヘルム・フルトヴェングラー指揮ウィーン・フィルハーモニー管弦楽団、ウィーン国立歌劇場合唱団、アルフレート・ペル（オットカール）、オスカー・チェルヴェンカ（クーノ）、エリーザベト・グリュンマー（アガーテ）、リタ・シュトライヒ（エンヒェン）、クルト・ベーメ（カスパール）、ハンス・ホップ（マックス）、クラウス・クラウゼン（ザミエル）、オットー・エーデルマン（隠者）、カール・デンヒ（キリアン）（1954）〈NuovaEra〉

別項で《トスカニーニ・ラスト・コンサート》がステレオ録音であることを記したが、この『魔弾の射手』はそれと同じ一九五四年の七月二十六日の、ザルツブルク音楽祭のライヴで、"オリジナル・ステレオフォニック・レコーディング"と表記されているので、フルトヴェングラー唯一のステレオ録音ということになる。録音年代や音の空間的な広がりからみて、これが実験的なステレオ録音であっても不思議はない。著者が実際に聴いたのはイタリアのヌオヴァ・エラ盤であるが、同じ演奏が別レーベルから発売された際にも、ステレオの真偽について論議があった。その後メジャー・レーベルのEMIから発売されたCDではモノーラル扱いになっていたが、二〇二一年オリジナル・テープから復刻されたというキング・インターナショナル盤ではステレオと表示されている。いずれにせよ演奏はフルトヴェングラー最晩年の独特のロマン性に満たされており、「狼谷の場」など深みのある表現がみられる。歌手も各々適役で、キャラクターとして見事に合っている。

## ◆35ミリ磁気フィルム録音

**◎ヴィラ=ロボス：『カイピラの小さな列車』、アンティル：バレエ組曲『コロボリー』、ヒナステラ：バレエ組曲『パンナビ』、バレエ組曲『エスタンシア』　ユージン・グーセンス指揮ロンドン交響楽団（1958）〈Everest〉**

LPレコードも一九五〇年代後半のステレオ時代に入ると、各レコード会社は大手、新興を問わず様々な音質の向上を試みた。その一つが通常の磁気テープに代えて映画に用い

られる35ミリ・フィルムによる録音である。映画のフィルムに磁気を塗って三トラック以上の音を収録し、最終的に二チャンネルのステレオにトラック・ダウンした。ディズニー映画『ファンタジア』の再現と考えてよいだろう。それをいち早く一九五八年から取り入れたのがエベレスト・レコードである。ヴィラ＝ロボスはその第一号というべき録音である。アンティルとヒナステラも続いて一九五八年八月に録音され、同年十月にLP盤で発売された。はじめはただ〝ウルトラ・アナログ〟と記されていたが、やがて〝35MMウルトラ・アナログ〟との名称になった。演奏は南米特有のエキゾティックで情熱的な音楽がリアルに伝わってくる。35ミリ・フィルム録音として売り出したレーベルは、他にマーキュリーが良く知られている。

## ◆CDからブルーレイ・オーディオまで

**◎ブルックナー：交響曲第四番変ホ長調『ロマンティック』、同第七番ホ長調、同第八番ハ短調　ケント・ナガノ指揮バイエルン国立管弦楽団（2007〜10）〈Farao〉**

デジタル時代を迎えた一九八二年に発売された最初のCDは、「レッド・ブック」のフォーマットとして収録時間は七十四分と規定されていた。間もなく八十分に近い長時間のCDも出現したが、以後CDは高音質化と長時間化の探求の歴史だった。まず高音質化に関しては、技術的な観点は著者の知識の範囲外であるが、一つはアナログ録音のデジタル化を含めて、マスタリングに際してビット数が16ビットから24ビットへの進化がある。さらにハイレゾ音源の採用も大きく寄与している。それに加えて材質面の改良も試みられた。次いで一九九九年に発売されたSACD（スーパーオーディオCD）という新規格が発売された。収録時間七十八分の記憶容量を持ち、SACDシングルレイヤーというオーディオ指向の盤もあるが、その多くはアナログ録音の復刻盤で、現在は散発的な発売にとどまっている。そしてSACDの多くは通常CDとの二層構造のハイブリッド盤として広く普及している。

映像用ディスクとしてＤＶＤが発売されたのは一九九六年である。そのオーディオへの利用がＤＶＤオーディオである。５・１サラウンドというマルチ・チャンネルへの応用だけでなく、大容量の記憶媒体であるだけに、二層構造にして超長時間収録が可能になった。その一例としてエリアフ・インバル指揮フランクフルト放送交響楽団によるマーラーの交響曲全十曲（Ｄｅｎｎｏｎ）が一枚のディスクに収録されて驚かされた。だがほぼ同時期に発売されたＳＡＣＤの普及に伴って十年ほどで消滅した。さらに二〇〇三年、映像用のブルーレイ・ディスクが発売された。２５ＧＢの記憶容量を二層構造にして、その殆どをオーディオに使用して超長時間録音を実現したのがブルーレイ・オーディオである。この規格はメジャー・レーベルでは主にユニバーサル・ミュージックによって採用され、ショルティやカラヤンが指揮するワーグナーの、『ニーベルングの指環』（Ｄｅｃｃａ、ＤＧ）のような大作が一枚のディスクに収められ、近作ではアンドリス・ネルソンス指揮ウィーン・フィルのベートーヴェン交響曲全集（ＤＧ）などがある。ただそれらは通常ＣＤとのセットになっており、ブルーレイ・オーディオを単独で発売しているレーベルは極めて少ない。ここに取り上げたブルックナーはブルーレイ・オーディオ単体であり、演奏内容も上質である。今後の展開を注視したい。

# 七. クロスオーヴァー

◆プラシド・ドミンゴ

◎ジョン・デンヴァー：パーハップス・ラヴ（1981）〈CBS〉

オペラ歌手にはミュージカルなどのエンターテインメントの世界に進出し、ジャズやポップスを余技で歌うことも少なくない。ドミンゴも独自のキャラクターを生かしてそのようなジャンルを手掛けたとしても不思議ではない。その一つの例がアメリカのシンガー・ソングライターであるデンヴァーとの共演である。これは彼の作品である『パーハップス・ラヴ』を題名にしたアルバムで、デンヴァーはヴォーカルとギターで参加している。この曲ではドミンゴとデンヴァーがデュエットで歌っており、ドミンゴは時にオペラ歌手らしく声を張り上げるが、全体にリラックスした歌唱である。CDには他にポール・マッカートニーの『イエスタデイ』なども含まれている。

◆ペーター・ホフマン

◎《ロック・クラシックス》ロナルド・ヘック指揮ベルリン・ドイツ・オペラ管弦楽団員（1982）〈CBS〉

ホフマンは二十世紀最後の四半世紀を代表するヘルデンテノールとして、ワーグナーの『ローエングリン』のタイトルロールなどで欠かすことの出来ない存在だった。その彼は一九八〇年代に入ると、少年時代からの趣味だったロックの世界に足を踏み入れ、最初のアルバムがこのCDである。指揮をしているヘックの『朝日の昇る家』の他に、お馴染みの『スカボロー・フェア』、『イエスタデイ』、『明日に架ける橋』などを聴くことが出来る。オペラ歌手の余技としては立派な出来で、『スカボロー・フェア』では、録音の翌年にホフマンの妻となるソプラノのデボラ・サッソンが共演している。

◎《ペーター・ホフマン・ライヴ1986》（1986）〈CBS〉

本格的なロック・バンドをバックにしたコンサートのライヴで、ここでホフマンはロック色が一段と強い。もはやオペラ歌手としての面影はなく、これがあのホフマンかとさえ思われる。曲目の一部は前記のスタジオ録音盤と共通するが、プレスリーの『ラヴ・ミー・テンダー』まで聴くことが出来る。ロックにのめり込み過ぎたためか、ホフマンの発声は崩れ、〝堕ちたヘルデンテノール〟とさえ酷評され、やがて病気のために舞台を去った。

◆ホセ・カレーラス&サラ・ブライトマン

◎アンドルー・ロイド・ウェッバー：アミーゴス・パラ・シエンプレ（1992）〈Polydor〉

曲名は英語で『フレンズ・フォー・ライフ』で、『生涯の友』という意味だろうか。一九九二年のバルセロナ・オリンピックの開会セレモニーで歌われた。カレーラスはいうまでもなくスペインが生んだ世界的なテノールで、ロイド・ウェッバー夫人であるブライトマンと共演している。彼女はクラシック音楽の基礎の上にミュージカル・スターとして活躍した。英語版、コーラス入りのオリンピック版、そしてスペイン語版と異なった三通りのバージョンで録音され、カレーラスの哀感のこもったテノールが光っている。

◆ホセ・カレーラス

◎《オペラ座の怪人》 ジョージ・マーティン指揮管弦楽団（1989）〈Warner〉

《オペラ座の怪人》というアルバム・タイトルであるが、内容は『キャッツ』の「メモリー」をはじめとして『オペラ座の怪人』、『スターライト・エキスプレス』など、ロイド・ウェッバーのミュージカルの名ナンバーのアンソロジーである。カレーラスはオペラの場合とは異なり、甘い声を駆使して楽しげな歌唱に徹している。『レクイエム』の「ピエ・イエズ」も含まれており、メロディの美しさを伸びやかに表現している。一部の曲はバーバラ・ディクソンとのデュエットで、最後に英語版『アミーゴス・パラ・シエンプレ』が収録されている。

## ◆キリ・テ・カナワ

◎《キリ・シングス・カール》 カール・ジェンキンス指揮ロンドン交響楽団（2006）〈EMI〉

カール・ジェンキンスはロンドン王立音楽院出身のオーボエ奏者だった。一九六九年に結成されたジャズ・ロック・グループのニュークリアスのメンバーとなって、この世界で幅広く活動するようになった。かつてフィギュア・スケートの村主章枝のために『ファンタジア』という曲を書き下ろしたこともある。このCDはカールのポップス的な美しいサウンドを生かしたオリジナル曲に加えて、一部フォーレの『秘めごと』、ショパンの『マズルカ』などのクラシック作品を含め、多彩な楽器を加えてカール風に料理されたイージーリスニングのアルバムである。キリは極上の美声を聴かせ、カールの『愛のカプリッチオ』で彼女は多重録音によるコーラスを歌っている。

◎《キリ／ブルー・スカイ》 ネルソン・リドル&ヒズ・オーケストラ（1985）〈Decca〉

キリ・テ・カナワはニュージーランド在住時代に、ナイト・クラブでポップスを歌った経験があるという。その後シドニーでネルソン・リドルと出会い、オペラで活躍するようになってからも彼と一緒に仕事をする機会があった。ネルソンはフランク・シナトラやナット・キング・コールなどのアレンジャーとしても知られるが、ここでも彼のアレンジによっている。アーヴィング・バーリンの『ブルー・スカイ』、ジェローム・カーンの『イエスタデイ』、コール・ポーターの『ソー・イン・ラヴ』と『トゥルー・ラヴ』など十二曲が、オペラのプリマ・ドンナを意識させないリラックスした気分で歌われている。

## ◆キリ・テ・カナワ&ホセ・カレーラス&サラ・ヴォーン

◎リチャード・ロジャース：ミュージカル『南太平洋』 ジョナサン・テュニック指揮ロンドン交響楽団、アンブロジアン合唱団（1986）〈CBS〉

テ・カナワとカレーラスは『ウェスト・サイド・ストーリー』で共演しているが、これはその二人が主役に起用されたブロードウェイ・ミュージカルの傑作である。さらにジャズ・ヴォーカルの最高峰サラ・ヴォーンがメリーの役で出演し、「バリ・ハイ」で圧倒的な歌唱力を見せている。このミュージカルが一九四九年ブロードウェイで初演された際は、エミール役はメトロポリタン歌劇場の大バス歌手エツィオ・ピンツァが扮したが、この録音ではテノールに移され、カレーラスが「魅惑の宵」を伸びやかに歌っている。ネリー役のテ・カナワの美声による洗練された歌と共に聴きものである。

## ◆フレデリカ・フォン・シュターデ

◎《マイ・ファニー・ヴァレンタイン》 ジョン・マッグリン指揮ロンドン交響楽団、アンブロジアン合唱団（1989）〈EMI〉

◎《フリッカ〜アナザー・サイド・オブ・フレデリカ・フォン・シュターデ》 ジェレミー・リュボック指揮オーケストラ（1988）〈CBS〉

早くからブロードウェイのミュージカルに憧れ、バーブラ・ストライザンドとエラ・フィッツジェラルドを敬愛してやまないフォン・シュターデの、ポップス・アルバムである。二枚とも曲の多くはリチャード・ロジャース&ロレンツ・ハートのコンビによる一九三〇、四〇年代を中心とした良き時代のミュージカル・ナンバーが歌われている。一曲ごとに特に新たな発見があるわけではないので、あえて曲名は記さないが、フォン・シュターデの歌唱はいかにも本格的な声楽家らしい表現力に溢れている。それだけに『イフ・アイ・ワー・ユー』など、十分にスウィングしているとはいえない例があるのも止むを得まい。

## ◆マリア・ユーイング

◎《フロム・デイズ・モーメント・オン》 ニール・リチャードソン指揮ロイヤル・フィルハーモニー管弦楽団（1990）〈RPO〉

カルメンやサロメなどの個性的な表現で評判をとったユーイングであるが、ここではジャズのスタンダード・ナンバーを歌っている。コール・ポーター・メドレーやガーシュウィン・メドレーの他に、フップフェルドの『アズ・タイム・ゴーズ・バイ（時の過ぎゆくまま）』など、主に一九三〇年代のミュージカル由来の曲が収録されている。ジャズの本格的なライヴを行うなど、彼女のジャズに対する感性は確かなものがある。オーケストラもジャズのイディオムに沿っている上、伴奏に参加しているリチャード・ロドニー・ベネットのピアノも巧い。

### ◆キャスリーン・バトル

**◎《ソー・メニー・スターズ》 器楽アンサンブル（1994）〈FunHouse〉**

アルバム・タイトルになっているセルジオ・メンデスの曲をメインに十五曲が収録されているが、ラヴ・ソング、スピリチュアル、民謡風な伝承曲、子守歌などがジャージーな感覚で歌われている。いずれもアクースティクなサウンドのバックであるので、バトルのソット・ヴォーチェを主体にした即興的な歌唱力が生かされており、オペラ歌手を離れたリリコ・レジェーロ・ソプラノとしての美声を楽しむことが出来る。『家路』はもちろんドヴォルザークの『新世界交響曲』によるが、アルト・サックスの前奏に導かれる音楽は、クラシックとは別世界の気だるさがある。

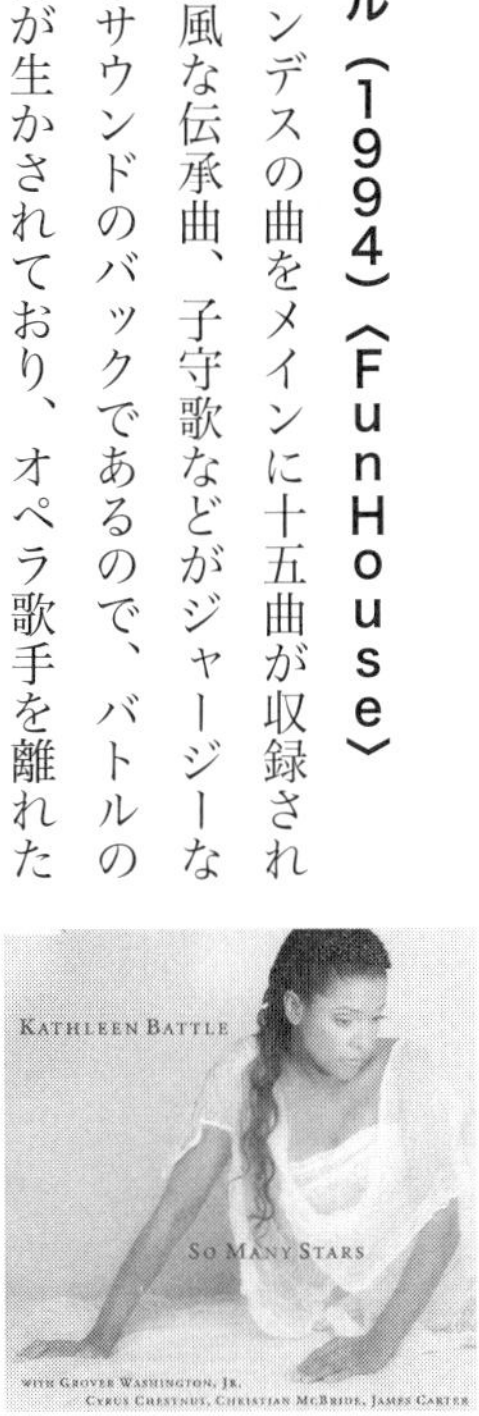


### ◆ディアナ・ダムラウ

**◎《唱歌〜日本の子供の歌》 ケント・ナガノ指揮モントリオール交響楽団、モントリオール児童合唱団（2010）〈Analekta〉**

クロスオーヴァーといっても、これはクラシックとポピュラー音楽との間ではなく、異文化間のクロスオーヴァーである。ダムラウのような世界的に著名な現役の声楽家が、一枚のアルバム全体を日本の歌でまとめているのであるから、珍盤といえるだろう。歌唱そ

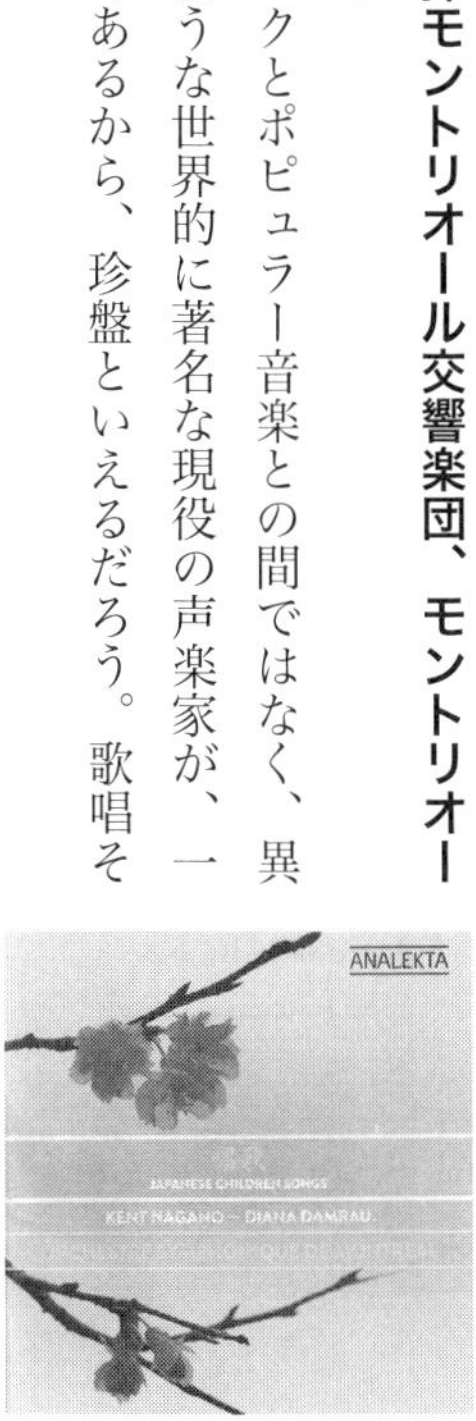

のものは本格的であるが、オペラや歌曲のようにしゃちほこ張ったところはなく、正統的ではあってもリラックスした親しみ易さを感じさせる。それにこの種の歌に付きものの日本語の発音に違和感が少ないのも特筆される。おそらくは指揮者ケント・ナガノの指導があってのことだろう。曲は『七つの子』、『雨ふりお月さん』、『早春譜』、『赤い靴』、『あの町この町』など二十曲で、児童合唱団の日本語も見事である。

### ◆シルヴィア・シャシュ

**◎《ポップ・ソングス》 ペテル・ヴォルフ(シンセサイザー)指揮アンサンブル(1984)〈Hungaroton〉**

このCDはかつての《ポップス・アルバム》と《ミュージカル・アルバム》の二枚のLPレコードを一枚に集約したもので、シンセサイザー、ギター、パーカッション、ドラムス、弦楽アンサンブルがバックを固めている。ポール・サイモンの『明日に架ける橋』やロイド・ウェッバーの『ジーザス・クライスト・スーパースター』などからのナンバーの他に、新しいペーター・ヴォルフの『アヴェ・マリア』などが歌われている。マリア・カラスの再来と評された強烈な個性と発声の持主だったシャシュであるが、ここではそのような面影は微塵もなく、少しの力みもない歌唱に徹している。

### ◆マグダレーナ・コジェナー

**◎《コール・ポーター》 オンドレイ・ハヴェルカ&ヒズ・メロディ・メーカー(2017)〈Brunofon〉**

コジェナーはチェコのブルノ出身ながら学生時代からエラ・フィッツジェラルドやビリー・ホリディ、ペギー・リーなどのジャズ・シンガーに憧れていた。近年になってフォン・シュターデが歌うコール・ポーターに刺激を受けて、この録音に踏み切ったという。確かにここにはクラシック的な洗練さよりもジャズのイディオムを大切にした本格的なポップス感覚があり、名曲『ビギン・ザ・ビギン』と『ナイト・アンド・デイ』では、ことに前者の気だるい雰囲気はクラシック歌手ではなかなか出せない味がある。メゾ・ソプラノであることもこのようなジャンルでは効果的である。コジェナーも決して余技ではなく、あくまでもジャズ・ソング集として聴かれることを望んでいるに違いない。バックのバンドも良き時代を偲ばせる。

## ◆ニーノ・ロータ

◎《映画音楽集》 リッカルド・ムーティ指揮ミラノ・スカラ座フィルハーモニー管弦楽団（1994、1997）〈SONY〉

現代音楽の作曲家が映画音楽を手掛けるのは、日本を含む洋の東西を問わず少なくない。まして映画の国イタリアならばなおさらのことだろう。ロータは生涯に百三十本以上の映画音楽を書いた。その中でも一九七二年のゼッフィレッリ監督の『ゴッド・ファーザー』の甘美な「愛のテーマ」は、誰知らぬ者はおるまい。ムーティが指揮するロータの映画音楽集のCDは二枚ある。しかもスカラ座管弦楽団の演奏であるから、これ以上豪華な顔触れはない。フェリーニ監督の『甘い生活』と『道』、ヴィスコンティ監督の『山猫』などの音楽が多くは組曲の形でまとめられ、実に洗練された演奏で聴くことが出来る。ここにはロータの芸術家としての本質が明らかにされている。

◆アンドルー・ロイド・ウェッバー

◎レクイエム　ロリン・マゼール指揮イギリス室内管弦楽団、ウィンチェスター大聖堂合唱団、プラシド・ドミンゴ（T）、サラ・ブライトマン（S）、ポール・マイルス＝キングストン（ボーイS）（1984）〈EMI〉

ロータが映画音楽の巨匠であるのに対し、ロイド・ウェッバーはミュージカルの大家として『ジーザス・クライスト・スーパースター』、『エビータ』、『キャッツ』、『オペラ座の怪人』などの傑作がある。そのウェッバーの一般に知られている唯一のクラシックの大作が『レクイエム』で、これは初演直前のスタジオ録音である。宗教曲とはいえ、いかにもウェッバーらしい親しみやすいメロディに溢れ、中でもボーイ・ソプラノが歌う「ピエ・イエズ」は天国的な美しさを持っている。マゼールの指揮はロック的な観点では少し融通に欠けるかも知れないが、曲を手堅くまとめる力はさすがである。

◆チック・コリア&フリードリヒ・グルダ

◎W・A・モーツァルト：二台のピアノのための協奏曲変ホ長調、チック・コリア：二台のピアノのための幻想曲、フリードリヒ・グルダ：二台のピアノのための「ピン・ポン」ニコラウス・アーノンクール指揮ロイヤル・コンセルトヘボウ管弦楽団（1983）〈Teldec〉

このCDに収められた三曲共にコリアとグルダが共演している。第一ピアノと第二ピアノをどのように分担しているかは明記されていないが、いずれにしてもグルダとフリー・ジャズのコリアとのデュオは、即興的な愉悦感みなぎる演奏で、モーツァルト時代の演奏スタイルの現代版といって差し支えあるまい。

コリアとグルダのそれぞれの曲も、いかにも二人で自由な対話を楽しんでいるかのようである。当然ながらコリアの曲はジャズ的な要素が強く、またグルダの曲は前衛音楽の即興的要素が強い。

### ◆ハービー・ハンコック&フリードリヒ・グルダ

◎コール・ポーター：ナイト・アンド・デイ、マイルス・デイヴィス：オール・ブルース（1989）〈Arthaus=DVD〉

グルダが主宰した一九八九年の《ミュンヘン・ピアノの夏》のライヴで、メインの曲はバッハとモーツァルトであるが、他にゲストとして迎えられたマイルス・デイヴィスとのデュオが実現した。ポーターの曲では先に舞台に出てきたグルダのリードで始まり、二曲目はハンコックがリードをとり、いずれも相手の顔を伺いながらの融通性が持ち味のフリー・ジャズである。なおこのDVDには《ミュンヘン・ピアノの夏》八二年版も収められており、コリアとグルダのデュオに加え、マルタ・アルゲリッチとの共演で知られ、一九九三年に四十歳の若さで早逝した天才ニコラス・エコノムを加えた三台のピアノによる即興演奏を聴くことが出来る。クラシックに関係ある曲としては「コレッリの主題によるインプロヴィゼーション」があり、グルダが演奏中にステージ上を歩き廻るのが面白い。

### ◆アンドレ・プレヴィン

◎《キング・サイズ！》アンドレ・プレヴィン・トリオ（1958）〈Contemporary〉

フリードリヒ・グルダのジャズは、いわばクラシック・ピアニストの延長線上の余技、ないしは趣味であった。それに対して、プレヴィンは一九四〇年代半ばから六〇年代の初めまではジャズの天才ピアニストとして、またハリウッドにおけるMGM映画の専属音楽家として、完全なポピュラー畑のミュージシャンだった。これはその時代のプレヴィンを代表するアルバムで、気心の知れたベースのレッド・ミッチェル、ドラムスのフランキー・キャップとトリオを組んでいる。ベルリン生まれのプレヴィンは幼年期から音楽の素養があったに違いないが、その深い教養が切れの良いリズムと相俟って自在で格調の高い演奏になっている。コール・ポーター、デューク・エリントンなどの曲の他に、プレヴィンの自作も二曲含まれている。

◎《ジャズ・ワールド・オブ・アンドレ・プレヴィン》 アンドレ・プレヴィン・クァルテット（1947、1950）〈Submarine〉

これはCD化に当たって二枚のアルバムのコンピレーションである。プレヴィンがまだウエスト・コーストで、ジャズ・ピアニストとして人気を博していた時代のロサンゼルスでの録音で、初期モダン・ジャズのビバップスタイルの演奏である。十四曲すべてジャズ・クァルテットとしての演奏だが、四つの異なった組合せのコンボ編成の演奏で収録されている。ユーマンス、ポーター、ロジャーズ、ガーシュウィンなどの作品で、半分はウォーレンの曲である。軽快にスウィングするプレヴィンのピアノが心地よい。

## ◆ベニー・グッドマン

◎W・A・モーツァルト：クラリネット協奏曲イ長調、ドビュッシー：クラリネットと管弦楽のための狂詩曲第一番　ジョン・バルビローリ指揮ニューヨーク・フィルハーモニック（1940）〈CBS〉

二種類あるグッドマンのモーツァルトの協奏曲の最初の録音である。未だ三十歳を越えたばかりの若き日の演奏であり、それだけに率直というか、あるいは一本気というか、力に任せて押して行く傾向がある。それにしてもこのような録音が存在するというのは、彼がすでに当時のアメリカのクラリネット界において、クラシックとジャズというジャンルの枠を超えた特別の存在であったことを物語っている。ドビュッシーはラプソディックな要素がグッドマンのフィーリングとぴたりと合い、彼のクラリネット奏者としての天分が自由に生かされている。音楽的な幅の広さということで見事な演奏である。バルビローリの指揮には特記すべき程のものはない。

**◎ウェーバー：クラリネット協奏曲第一番ヘ短調・同第二番変ホ長調　ジャン・マルティノン指揮シカゴ交響楽団（1967、1968）〈RCA〉**

グッドマンは幼少期からプロの音楽家に師事してクラリネットの奏法を学んで演奏活動を開始した。一九三八年に自分の楽団を率いてカーネギーホールで最初のジャズ・コンサートを開いて"スウィングの王様"と称賛されたが、彼にとってクラリネットはジャズだけの楽器にとどまらず、バルトークなど当時の現代音楽の作曲家との交流もあるなど、クラシック音楽の分野でも活躍した名手だった。それだけにモーツァルトに限らず、ウェーバーの協奏曲を演奏したとしても不思議はない。マルティノンの清新な指揮と相俟って味わい深い演奏を繰り広げている。

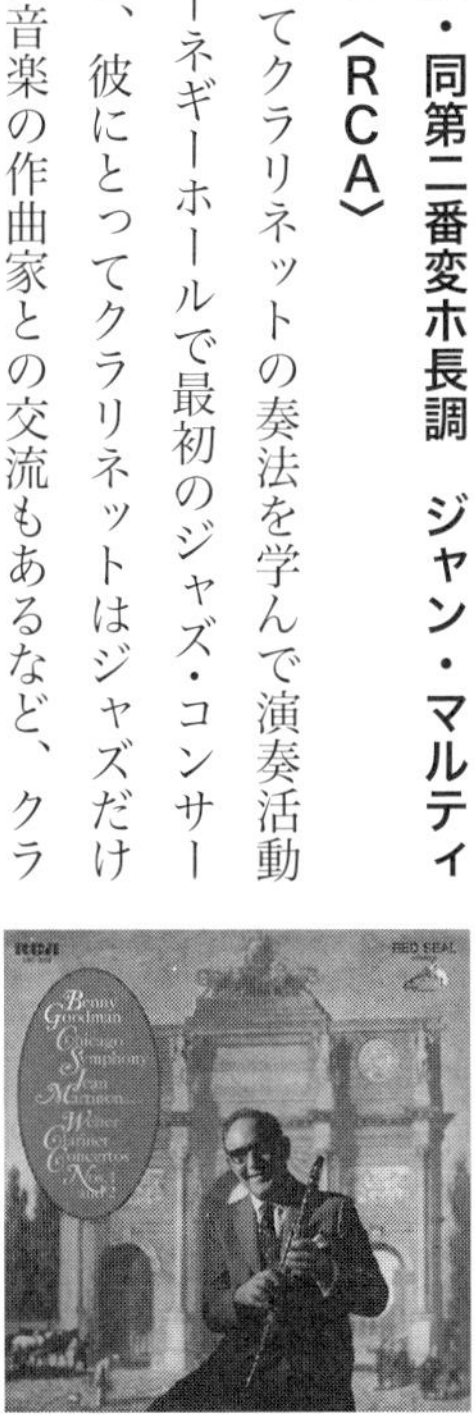


**◎レナード・バーンスタイン：プレリュード、フーガとリフ　レナード・バーンスタイン指揮コロンビア・ジャズ・コンボ（1963）〈SONY〉**

これはグッドマンがクラシック音楽を吹いていることよりも、バーンスタインがジャズの作曲・指揮を手掛け

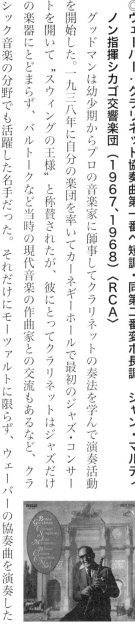

た録音ということで興味深い。曲名はいっけんバッハを思わせるが、オール・ラウンド・ミュージシャンとしてのバーンスタインの面目躍如たる作品であり、演奏である。

◆ジャック・ルーシェ・トリオ

◎《プレイ・バッハ》（1959）〈Decca〉

ジャック・ルーシェはパリ音楽院でイーヴ・ナットに師事した本格派のピアニストであるが、その頃からジャズに関心があり、クラシックとジャズを融合すべく、ベースのピエール・ミロシュとドラムスのクリスチャン・ギャロとトリオを結成した。この《プレイ・バッハ》はその第一集である、正統派ピアニストらしく、冒頭のバッハの『平均律クラヴィーア曲集』第一曲の「前奏曲」では、オーソドックスな演奏で開始され、徐々にスウィングしてゆくところは彼の本領だろう。有名な『トッカータとフーガ』ニ短調もルーシェ風にアレンジされ、フランス風に洗練されたリズム感はどの曲においても共通している。このトリオは一九五九年から七八年まで続き、バッハ生誕三百年の一九八五年にメンバーを入れ替えて復活、二〇〇六年頃まで活動した。

◆スウィングル・シンガーズ

◎《ジャズ・セバスティアン・バッハ》（1963）〈PH〉

リーダーのワード・スウィングルが一九六二年にパリで結成したスウィングル・シンガーズは八人組の混声合唱団で、スキャット唱法でバッハをジャズ風に歌って一世を風靡した。レパートリーはバッハの他に、ベートーヴェンやロッシーニから現代ロックのビートルズにまでおよび、さらにはブーレーズやベリオなどの現代音楽にも参加するノン・ジャンルの幅の広さをみせる。でも〝ダバダバ〟と称される彼らの独特の唱法はやはりバッハにもっとも似つかわしく、コントラバスとドラムスが刻む軽快なリズムに乗って歌う『フーガの技法』の「フーガ」ニ短調は、やはり傑作である。このグループは一九七三年にメンバーが交代してから、スウィングルⅡあるいはザ・ニュー・スウィングルと名称を変更して、近年に至るまで活躍しているようである。

### ◆ミルバ

**◎クルト・ヴァイル：『七つの大罪』　ブルーノ・ヴァイル指揮ベルリン・ドイツ・オペラ管弦楽団（1981）〈Metronome〉**

ミルバ（正確にはミルヴァ）は本名をイルヴァ・マリア・ピオルカーティといい、サン・レモ音楽祭のコンクールに入賞するなど一九六〇年代は〝カンツォーネの女王〟と呼ばれた。その後七〇年代に入るとブレヒト・ソング、それにピアソラとの共演などジャンルを問わないレパートリーを開拓していった。『七つの大罪』はそのようなミルバの絶大な歌唱力を生かした表現力に圧倒される。アンナⅠ・Ⅱを歌う彼女の他に、トニ・ロースナー、カール・クライレ、ヨーゼフ・ウェーバー、ユルゲン・ヴァイスが加わっている。

### ◆バーブラ・ストライザンド

**◎《クラシカル・バーブラ》　クラウス・オーガーマン（P）指揮コロンビア交響楽団（1976?）〈SONY〉**

ミュージカルのスターが歌うクラシックである。必ずしも磨き抜かれた美声の持主というわけではないが、ドビュッシーの『美しい夕暮れ』のどこか気だるさを感じさせる独特の歌唱は、バーブラ以外には表現することが出来ない世界が広がっている。カントルーブの『オーヴェルニュの歌』の「子守歌」やヴォカリーズによるフォーレの『パヴァーヌ』と『夢のあとに』など、ピアノ伴奏によるヴォルフとシューマンのドイツ歌曲よりも、淡いオーケストラに包まれたフランス歌曲においてバーブラの個性が好ましい形で発揮されている。オルフの『カルミナ・ブラーナ』の「イン・トゥルティナ」は意外にあっさりとすり抜けるのに対して、ヘンデルの歌劇『リナルド』の「感謝の歌」は、ハスキーな声を効かせた力強さがミュージカルで鍛えた歌手であることを納得させられる。

## ◆エマーソン・レイク&パーマー

**◎モデスト・ムソルグスキー：組曲『展覧会の絵』（1971）〈Victor〉**

プログレッシブ・ロックといわれるELPのイギリス・ニューキャッスルにおけるライヴである。ロック・ファンにとっては必聴のアルバムであろうが、クラシック・ファンからみると、ムソルグスキーの『展覧会の絵』がこれほどの変貌を見せているのは驚異である。シンセサイザー、ドラムス、ベース、それにヴォーカルも加わって賑やかなことこの上ない。素材になったのはラヴェル編曲のオーケストラ版である。アンコール曲の『ナットクラッカー』は、チャイコフスキーの『くるみ割り人形』の「行進曲」である。

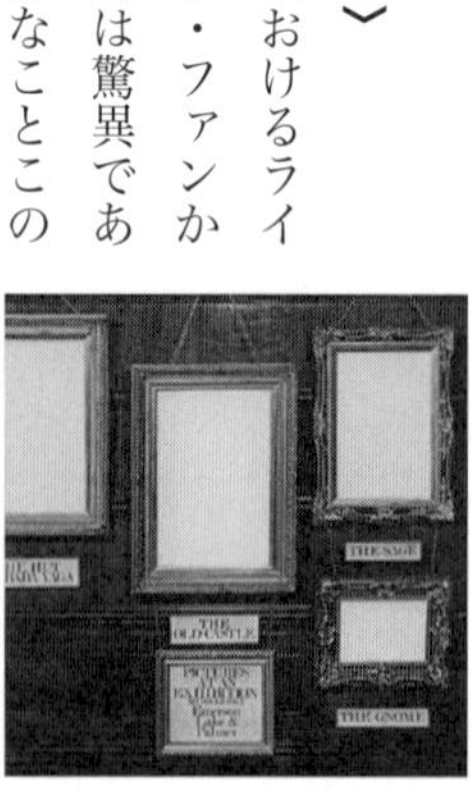

## ◆美空ひばり

### ◎《山田耕筰歌曲集》 東京室内楽協会（1973）（Columbia）

美空ひばりが初めて山田耕筰の曲をレコーディングしたのは、一九五五年の『山の小駅』と『風が泣いている』に遡るが、このCDには主に唱歌や歌曲が二十二曲収録されている。それは『からたちの花』、『野薔薇』、『待ちぼうけ』、『ペイチカ』、『赤とんぼ』、『あわて床屋』、『砂山』、『さくらさくら』、『かぞえうた』、『中国地方の子守唄』などである。よく知られた童謡、唱歌はオーケストラに後から歌をかぶせる、いわゆるアフレコ形式で、『曼珠沙華』や『ふなうた』などは美空ひばりのフィーリングが生かせるように、同時録音で行われたそうである。クラシックの正統的な歌唱とは異なるが、流行歌歌手・美空ひばりの歌には彼女なりの巧さがある。

# あとがき

今ではＣＤやＤＶＤはネットでも購入することが出来るが、かつてレコードは店頭販売が主体だった。年配の音楽ファンならば、しばしばレコード店を巡って新しいレコードを発見する楽しみを経験されたことがあるに違いない。著者も東京銀座、神保町、新宿近辺のレコード店にしばしば足を運んでレコードを探し回ったものである。国内盤については、各レコード会社が毎月発行する「月報」というパンフレットで新譜情報を入手することが出来たが、海外からの輸入盤は自分の足で探す以外に手段はなかった。そのようにして集めたレコードの中でもラヴェルやブラームスの自作自演などは貴重な珍品で、今でもレコードのまま大切に保存している。ＣＤ時代に入って録音されるレパートリーは急速に広がった一方、ＳＰ、ＬＰ時代の貴重な録音が手つかずの状態になっている例も少なくない。本書はレコード録音史的な位置付けには立っていないので、基本的にはＣＤで聴くことが出来る範囲内の演奏にとどめた。

コロナ禍という予期せぬ事態に直面して、本書も作業に若干の狂いが生じたが、㈱芸術現代社代表取締役社長兼『音楽現代』編集長の大坪盛氏の適切な計らいによって、無事出版にこぎつけられたことに厚くお礼申し上げる次第である。

二〇二一年盛夏、新型コロナ・ウィルスの収束を願いつつ。

野崎　正俊

**●著者プロフィール**

**野崎正俊**（のざき・まさとし、本名 野崎正敏）

東京市小石川区 ( 現・東京都文京区 ) 生まれ。1960 年東京大学経済学部卒業、同時に文学部美学科で西洋音楽史を学ぶ。後に日本古代史を修め、2000 年学習院大学文学部卒業。

在学中は東京大学柏葉会合唱団に所属して活躍、卒業後本格的に音楽評論活動をはじめる。

雑誌『音楽現代』、同『ショパン』に定期的に執筆する他、読売日本交響楽団、札幌交響楽団の定期演奏会をはじめ、内外演奏家のコンサート、オペラのプログラム、ＣＤ解説書などに執筆した。またクラシック音楽ソフトの制作編成業務にも携わった。元尚美学園講師。

主要著書
『蘇る SP 時代の名演～ＣＤで復活する往年の巨匠たち』( 芸術現代社 )
『ウィーン・フィルで聴く名曲 150 選』( 芸術現代社 )
『ＣＤで聴くベルリン・フィル』( 芸術現代社 )
『伝説の名演～衝撃のオーケストラ・ライヴＣＤ』( 芸術現代社 )
『クラシック秘曲・珍曲・謎曲 101 選』（ハンナ）
『名作オペラ 130 曲～ＣＤ＆ＤＶＤベストセレクション』( ハンナ )
『オペラ黄金時代のプリマ・ドンナ～名ソプラノたちの肖像』( ハンナ )
『レコードで辿る日本音楽界のパイオニアたち』( ショパン )
『名曲鑑賞辞典』（分担執筆）（東京堂出版）

**時空を駆ける名演**

著　者　野崎　正俊
発行者　大坪　盛
発行所　株式会社 芸術現代社
〒 111-0054
東京都台東区鳥越 2-11-11
TOMY ビル 3F
TEL 03（3861）2159
FAX 03（3861）2157
制　作　株式会社ソレイユ音楽事務所
印　刷　モリモト印刷株式会社

2021 年 12 月 10 日初版発行　ISBN978-4-87463-220-8

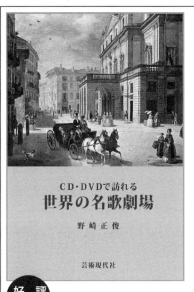

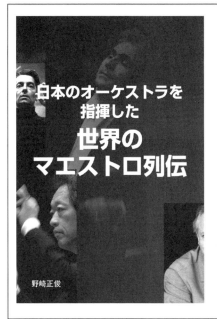

【芸術現代社の書籍】

# 蘇るSP時代の名演

## CDで復活する往年の巨匠たち

野崎　正俊　著

絶賛発売中!!

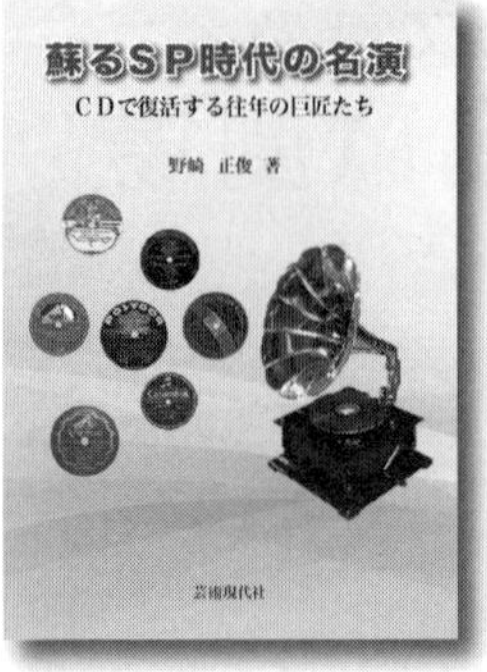


**永遠に聴き継がれるべきレガシー！**

片面４分間のSPレコードの中に精魂が注ぎ込まれた往年の名演。本当の巨匠と認められた名演奏家だけが取り組んだそれらの録音は現在《いま》も不滅の光を放っている。新しい録音メディアが出現しても、その価値に変わりはない。短い小品から大曲の交響曲やオペラに至るまで、これらの演奏は永遠に聴き続けられることに疑いはない。本書はそのためのよきガイドとして役立つことだろう。

音楽ファン必携の書誕生!!

［記載された演奏家・作品］

**指揮者** アルトゥール・ニキシュ / フェリックス・ワインガルトナー / リヒャルト・シュトラウス 他

**ピアニスト** ウラディーミル・ド・パハマン / イグナーツ・ヤン・パデレフスキ / エミール・フォン・ザウアー 他

**ヴァイオリニスト** ウジェーヌ・イザイ / フリッツ・クライスラー / ジャック・ティボー 他

**チェリスト** パブロ・カザルス / ガスパール・カサド / エンリコ・マイナルディ他

**管楽器奏者** マルセル・モイーズ（Fl）/ レオン・グーセンス（Ob）/ レジナルド・ケル（Cl）他

**室内楽団** プロ・アルテ弦楽四重奏団 / カペー弦楽四重奏団 / レナー弦楽四重奏団 他

**声楽家** ネリー・メルバ（Sop）/ クレール・クロワザ（Mez）/ フランチェスコ・タマーニョ（Ten）他

**宗教曲** バッハ　マタイ受難曲 / モーツァルト　レクイエム　ニ短調 他

**オペラ** モーツァルト 歌劇『フィガロの結婚』『ドン・ジョヴァンニ』『コジ・ファン・トゥッテ』他

A5版/232頁　定価:2,200円［本体2,000円＋税］

㈱芸術現代社　〒111-0054 東京都台東区鳥越 2-11-11 TOMY BLDG. 3F
TEL 03-3861-2159　FAX 03-3861-2157

# ウィーン・フィルを聴く名曲150選

## CD & DVD

野崎　正俊　著

**世界で最も愛されている**
**ウィーン・フィルの名盤！**

ヨーロッパの奥座敷に位置するウィーンの芸術を今に伝えるウィーン・フィルは、クラウス、ワルター、フルトヴェングラー、カラヤン、ベーム、バーンスタイン、クライバー、ショルティ、マゼール、アバド、ティーレマンなどの名指揮者たちと数々の名演を生み出してきた。コンサートとオペラの両面で活躍するほか、ザルツブルク音楽祭の常連として出演、近年は恒例のニューイヤー・コンサートを通して世界中の音楽ファンを魅了してやまない。そのオーケストラが録音した名演のCDとDVDを幅広く紹介するファン待望の書。

絶賛発売中！

**目　次**

**《交響曲》**ハイドン・モーツァルト・ベートーヴェン・シューベルト・ベルリオーズ・メンデルスゾーン・シューマン・フランク・ブルックナー・ブラームス・チャイコフスキー・ドヴォルザーク・マーラー・R・シュトラウ・プロコフィエフ・ショスタコーヴィチ
**《管弦楽曲》**モーツァルト・ベートーヴェン・ウェーバー・シューベルト・メンデルスゾーン・リスト・ワーグナー・スメタナ・レントゲン・J・シュトラウス・ブラームス・ムソルグスキー・チャイコフスキー・ドヴォルザーク・リムスキー＝コルサコフ・R・シュトラウス・ホルスト・ハチャトゥリアン
**《協奏曲》**モーツァルト・ベートーヴェン・シューマン・ブラームス・チャイコフスキー・R・シュトラウス・コルンゴルト
**《宗教曲》**バッハ・ハイドン・モーツァルト・ベートーヴェン・ルックナー・ブラームス・ヴェルディ
**《歌曲》**ブラームス・マーラー・R・シュトラウス
**《歌劇》**モーツァルト・ベートーヴェン・ウェーバー・ワーグナー・ヴェルディ・スメタナ・J.シュトラウス・ビゼー・チャイコフスキー・プッチーニ・R・シュトラウス・フンパーディンク・レハール・ベルク**《付》**ニコライ

Ａ５判／３５２頁／
定価：２，３００円＋税

㈱芸術現代社　〒111-0054 東京都台東区鳥越 2-11-11 TOMY BLDG. 3F
TEL 03-3861-2159　FAX 03-3861-2157